前　言

“十三五”期间，我国将继续大力发展职业教育，深化产教融合，推进校企合作人才培养模式改革。建立学校、企业、行业三位一体协同建设课程资源的生成机制，形成以用为本、突出学生实践能力培养的课程模块，合作开发资源丰富的在线开放课程，成为应用型本科和职业院校课程改革的当务之急。编写适合教学、贴近实务的教材，是我们教育工作者的一份责任，而我们也一直乐此不疲，这些年陆续编写了《企业会计综合模拟实训》（第六版）、《财务报表审计模拟实训》（第四版）、《会计岗位模拟实训》（第五版）等教材，并且有幸得到了广大师生的认可。《商贸企业会计模拟实训》教材正是在这样的教改背景和编写兴趣指引下，为了满足各高校会计专业人才培养目标而编写的。如果这本教材的出版给会计专业课程实训教学工作带来一些变化和实效，那么将是对我们莫大的鼓励。

这本教材的特点有以下几个方面：

1.突出仿真性，改变了传统的原始凭证印刷模式，增设了如何区分外来原始凭证和自制原始凭证；同时，为了培养学生的创新能力，教材中包括了自行设计原始凭证的环节，使其更加贴近实务工作，缩小了学校教学与实务工作的差距。

2.数据来自企业实际，我们深入某钢铁商贸企业进行调研，收集一手资料，并聘请该企业的财务总监进行专业审核，经过反复的认证、加工，考虑到业务的全面性和代表性，选择了既有内销又有外销，既有自销又有代销的多种类型的业务，最终形成了这套仿真会计数据资料。

3.实现了“理实一体、手工与电算化统一”，教材手工部分之后，附有电算化完整账套及答案，以便于学生在手工处理的基础上，进一步练习和熟悉会计软件的操作。

4.全面体现了“营改增”精神，并根据最新的相关文件，将2018年5月1日实行的增值税税率调整内容写入教材，保证了教材的时效性。

本教材由东北财经大学高等职业技术学院教授、中国注册会计师刘雪清（主要负责总体业务设计与构思）与南昌工学院会计学院黄珺副教授（负责编写第一至第四部分）共同主编，大连市金融中等职业技术专业学校教授级高级讲师韩连梅和大连商业学校讲师宋吉庆任副主编（负责编写第五部分）。大连长城会计师事务所刘文霞所长和北京中钢集团财务总监吴立军为本书编写提供了专业指导，在这里一并表示感谢。

由于我们的水平和能力有限，在编写中可能存在缺陷和不足，恳请广大读者多提宝贵意见。

编著者

2018年6月

目　录

第一部分　华钢工贸股份有限公司基本情况简介

一、机构设置

该公司总资产4 068万元，经营范围为各种钢材及相关原材料的国内经销和进出口业务等，现有职工300人。设有总裁办公室、经营发展部、国际业务部、投资管理部、资产财务部、人力资源部、党政其他部门等。

华钢工贸股份有限公司法人代表：李维和

二、财务部门人员分工及账户

财务部负责人：王大为

会计：宋宁、林静

出纳：何红

开户银行及账号：中国工商银行复兴支行0001-6668888

地址：北京市复兴路100号

电话：010-85681153

纳税人识别号：001678967890001238

第二部分　期初科目余额

一、2018年5月31日资产负债表账户余额

2018年5月31日资产负债表账户余额见表1-1。

表1-1　资产负债表账户余额　单位：元

资产类总账科目	金额	资产类明细科目	金额	负债及所有者权益类总账科目	金额	负债及所有者权益类明细科目	金额
库存现金	5 000			短期借款	230 000		
银行存款	860 300	人民币户 美元户 （$21 750×6.8=147 900） 汇兑损益	712 000 147 900 400	应付票据	50 000		
其他货币资金	6 000	外汇存款 （$875×6.8=5 950） 汇兑损益	5 950 50	应付账款	100 000	包头钢铁公司	100 000
交易性金融资产	267 000			预收账款	38 892	宏光贸易公司 大有建筑公司	30 000 8 892
应收票据	18 500	明天矿山机械厂	18 500	应付职工薪酬	0		
应收账款	603 989	宏光贸易公司 大有建筑公司 上海闽行物质有限公司	120 000 83 989 400 000	应交税费	641 334	应交所得税	641 334
坏账准备	（14 305）			其他应付款	59 460	大华钢铁公司 宝山钢铁集团 鞍山钢铁集团	29 000 25 460 5 000
应收外汇账款	0			预计负债	45 000		
应收出口退税	0			代销商品款	890 000		
应收股利	180 000			长期借款	9 400 000		
其他应收款	76 000	投资部 国际部	20 000 56 000	应付债券	3 800 000		

续表

资产类总账科目	金额	资产类明细科目	金额	负债及所有者权益类总账科目	金额	负债及所有者权益类明细科目	金额
预付账款	289 580	宝山钢铁集团 鞍山钢铁集团 包头钢铁公司	56 000 30 000 203 580	其他长期负债	0		
在途物资	0			股本	10 000 000		
周转材料	25 980			资本公积	460 000		
库存商品	11 932 000			盈余公积	890 700		
委托代销商品	61 300			未分配利润	14 070 000		
存货跌价准备	（116 790）						
受托代销商品	145 680						
发出商品	30 490						
长期股权投资	5 000 000						
持有至到期投资	356 000						
长期股权投资减值准备	（803 400）						
固定资产	24 225 000						
累计折旧	（10 875 000）						
固定资产减值准备	（345 000）						
在建工程	200 000						
在建工程减值准备	0						
固定资产清理	0						
无形资产	8 584 382						
无形资产减值准备	（37 320）						
资产账户余额总计	40 675 386			负债及所有者权益账户余额总计	40 675 386		

二、2018年1月1日至5月31日利润表项目本年发生额

2018年1月1日至5月31日利润表项目本年发生额见表1-2。

表1-2 利润表项目本年发生额 单位：元

损益类总账科目	金额	损益类明细科目	金额
主营业务收入	25 531 062	内贸业务 自营进口销售 自营出口销售	9 900 500 13 580 000 2 050 562
主营业务成本	9 560 000	内贸业务 自营进口销售 自营出口销售	4 478 060 2 934 790 2 147 150
税金及附加	651 380		
其他业务收入	156 000		
其他业务成本	29 800		
销售费用	2 637 900		
管理费用	2 282 568		
财务费用	34 780		
投资收益	3 568 000		
营业外收入	67 089		
营业外支出	55 723		
利润总额	14 070 000		

三、2018年5月31日库存商品明细账余额

5月31日库存商品明细账余额见表1-3。

表1-3 5月31日库存商品明细账余额 金额单位：元

明细科目	数量	单位成本	金额
20M中厚板	200吨	5 800	1 160 000
40M中厚板	112.5吨	4 000	450 000
3M花纹板	70吨	4 600	322 000
角钢	1 200吨	3 200	3 840 000
圆钢	2 150吨	2 800	6 020 000
螺纹钢	50吨	2 800	140 000
合计			11 932 000

第三部分　2018年6月份发生的经济事项

一、外来原始凭证

1-1

华钢工贸股份有限公司付款业务联系单

部分：经营发展部　　　　　　2018年6月1日

收款单位	全　称	上海宝山钢铁集团	贸易方式	内销
	账　号	0511-5682697	付款方式	委托收款
	开户行	工商行	付款性质	预付货款
	地　址	上海　省(市)　浦东　县(区)	支付货币	人民币
业务内容	合同号	34560		
	品名及规格	2235工字钢		
	数　量	10吨		
	付款金额	¥32 760.00（不含税款）		
	简要说明	采购生产用料		
业务经办人		刘民江	财务经办人	宋宁
业务责任人		杨峰	财务负责人	王大为
主管经理意见		同意付款 王林　2018年6月1日		

1-2

ICBC 中国工商银行　**托收凭证**　（付款通知）　5

委托日期 2018年6月1日　　付款期限 2018年6月1日

业务类型	委托收款（邮划 ☑电划）　托收承付（☐邮划 ☐电划）				
付款人	全称	华钢工贸股份有限公司	收款人	全称	上海宝山钢铁集团
付款人	账号	0001-6668888	收款人	账号	0511-5682697
付款人	开户银行	工行复兴支行	收款人	开户银行	工行宝山支行

托收金额	人民币（大写）	千	百	十	万	千	百	十	元	角	分
	叁万贰仟柒佰陆拾元整			¥	3	2	7	6	0	0	0

款项内容	预付货款	托收凭据名称	委托收款	附寄单证张数	2张
商品发运情况		合同名称号码	34560		

备注：

付款人开户银行收到日期

2018年6月1日

复核　　记账

工行复兴支行

2018.06.01

付讫

付款人开户银行签章

2018年6月1日

付款单位注意：

1. 根据结算办法，上列委托收款（托收承付），如在付款期限内未拒付，即视同全部同意付款，以此联代付款通知。

2. 如需提出全部或部分拒付，应在付款期限内，将拒付理由书并附债务证明退交开户银行。

此联付款人开户行给付款人按期付款的通知

2-1

华钢工贸股份有限公司付款业务联系单

部门：经营发展部　　2018年6月2日

收款单位	全称	猛山钢铁集团	贸易方式	内销
	账号	0412-3270154	付款方式	商业汇票
	开户行	工商行	付款性质	预付货款
	地址	辽宁 省（市）猛山市 县（区）	支付货币	人民币
业务内容	合同号	34561		
	品名及规格	2235槽钢		
	数量	20吨		
	付款金额	¥62 010.00（含税款）		
	简要说明 采购生产用料			
业务经办人		刘民江	财务经办人	宋宁
业务责任人		杨峰	财务负责人	王大为
主管经理意见 同意付款 王林　2018年6月1日				

2-2

ICBC 中国工商银行　商业承兑汇票　（存根）　3

出票日期（大写）　贰零壹捌年陆月零贰日　　汇票号码：8790

付款人	全称	华钢工贸股份有限公司	收款人	全称	猛山钢铁集团
	账号	0001-6668888		账号	0412-3270154
	开户银行	工行复兴支行		开户银行	工行首山支行
出票金额	人民币（大写） 陆万贰仟零壹拾元整			千百十万千百十元角分	¥ 6 2 0 1 0 0 0
汇票到期日（大写）	贰零壹捌年拾月零玖日		付款人开户行	账号	
				地址	
交易合同号：34561			备注：		
出票人签章					

华钢工贸股份有限公司 财务专用章

3

ICBC 中国工商银行 进账单 （收账通知） 3

2018年6月3日 第150号

出票人	全　　称	大有建筑公司	收款人	全　　称	华钢工贸股份有限公司
	账　　号	0523-5688779		账　　号	0001-6668888
	开户银行	交行浣河支行		开户银行	工行复兴支行

金额	人民币（大写）	肆佰伍拾万元整	千	百	十	万	千	百	十	元	角	分
			¥	4	5	0	0	0	0	0	0	0

票据种类	银行汇票	票据张数	1
票据号码	2005		
预收货款			
复核　　记账			收款人开户行盖章

工行复兴支行 2018.06.03 转讫

此联是收款人开户银行交给收款人的收账通知

4

ICBC 中国工商银行 银行承兑汇票 2 Ⅵ X 0040300

出票日期（大写） 贰零壹捌年陆月零叁日

付款人	全　　称	宏光贸易公司			收款人	全　　称	华钢工贸股份有限公司		
	账　　号	010-66442650				账　　号	0001-6668888		
	开户银行	工行	行号	锦江支行		开户银行	工行	行号	复兴支行

汇票金额	人民币（大写） 捌佰万元整	千	百	十	万	千	百	十	元	角	分
			¥	8	0	0	0	0	0	0	0

汇票到期日	2018年9月9日	交易合同号	经销合同8940090（预收货款）
本汇票请你行承兑，到期无条件付款。 出票人签章	本汇票已经承兑，到期日由本行付款。 承兑行签章 承兑日期　　年　月　日 备注：		复核　　记账

宏光贸易公司 财务专用章

工行复兴支行 汇票专用章

此联收款人开户行随结算凭证寄收款人

5-1

北京增值税专用发票

发票联

№ 0081929

0010031172

开票日期：2018年6月3日

购买方	名　　称：华钢工贸股份有限公司 纳税人识别号：001678967890001238 地 址 、电 话：北京市复兴路100号 010-85681153 开户行及账号：工行0001-6668888	密码区	略

货物或应税劳务、服务名称	规格型号	单位	数量	单价	金额	税率	税额
周转材料					14 500.00	16%	2 320.00
合计					￥14 500.00		￥2 320.00
价税合计（大写）	⊗壹万陆仟捌佰贰拾元整				（小写）￥16 820.00		

销售方	名　　称：北京市百盛购物中心 纳税人识别号：001789656782167890 地 址 、电 话：北京西四340号 010-84421657 开户行及账号：工行010-85274316	备注	北京市百盛购物中心 001789656782167890 发票专用章

收款人：赵红　　复核：王磊　　开票人：杨林　　销售方：（章）

第三联：发票联　购买方记账凭证

自制凭证：转账支票（5-2）。

6-1

北京增值税专用发票

发票联

№ 0081328

0010031569

开票日期：2018年6月5日

购买方	名　　称：大有建筑公司 纳税人识别号：001789656782167890 地 址 、电 话：北京西四140号 010-84421657 开户行及账号：工行010-85254316	密码区	略

货物或应税劳务、服务名称	规格型号	单位	数量	单价	金额	税率	税额
运费					27 272.70	10%	2 727.30
合计					￥27 272.70		￥2 727.30
价税合计（大写）	⊗叁万元整				（小写）￥30 000.00		

销售方	名　　称：北京大件货运公司 纳税人识别号：123167896790761236 地 址 、电 话：北京市昌平前进路90号 010-89865301 开户行及账号：工行077-64829076	备注	北京大件货运公司 123167896790761236 发票专用章

收款人：关红　　复核：林森　　开票人：杨柳　　销售方：（章）

第三联：发票联　购买方记账凭证

资料：销售角钢1 000吨，单价3 800元。

销售40M中厚板100吨，单价4 500元。

6-2

ICBC 中国工商银行　进账单　（收账通知）　3

2018年6月3日　　　　第151号

出票人	全　称	大有建筑公司	收款人	全　称	华钢工贸股份有限公司
	账　号	0523-5688779		账　号	0001-6668888
	开户银行	交行沈河支行		开户银行	工行复兴支行
金额	人民币（大写）	肆拾伍万元整		千百十万千百十元角分	¥45000000
票据种类	支票	票据张数	1		
票据号码	4105				
		复核　记账		收款人开户行盖章	工行复兴支行 2018.06.03 转讫

此联是收款人开户银行交给收款人的收账通知

自制凭证：增值税专用发票（6-3）、商品出库单（6-4）、转账支票（6-5）。

7-1

北京增值税专用发票

发票联

№ 0081329

0010031570　　　　开票日期：2018年6月5日

购买方	名　　称：宏光贸易公司 纳税人识别号：534032042002402111 地址、电话：北京建国门前134号 010-66442650 开户行及账号：工行010-33527488				密码区	略		
货物或应税劳务、服务名称	规格型号	单位	数量	单价	金额	税率	税额	
运费					45 454.50	10%	4 545.50	
合计					¥45 454.50		¥4 545.50	
价税合计（大写）	⊗伍万元整				（小写）¥50 000.00			
销售方	名　　称：北京大件货运公司 纳税人识别号：123167896790761236 地址、电话：北京市昌平前进路90号 010-89865301 开户行及账号：工行077-64829076				备注	北京大件货运公司 123167896790761236 发票专用章		

收款人：关红　　复核：林森　　开票人：杨柳　　销售方：（章）

第三联：发票联　购买方记账凭证

资料：销售圆钢2 000吨，单价3 400元。

自制凭证：增值税专用发票（7-2）、商品出库单（7-3）、转账支票（7-4）。

8

6月5日，结转上述两项销售业务成本，其中：角钢单位成本3 200元/吨，圆钢单位成本2 800元/吨，40M中厚板单位成本4 000元/吨。

自制凭证：销售商品成本结转单（8）。

9-1

代销协议

华钢工贸股份有限公司委托上海闽行物资有限公司代销Q235螺纹钢50吨，单位成本2 800元，销售发票直接开具给委托方，受托方与委托方全额货款结算。不含税单位售价3 400元。

委托方：华钢工贸股份有限公司　　受托方：上海闽行物资有限公司

2018年6月5日　　2018年6月5日

自制凭证：商品出库单（9-2）。

10-1

ICBC 中国工商银行　进账单　（收账通知）　3

2018年6月6日　　第2378号

出票人	全称	大华钢铁公司	收款人	全称	华钢工贸股份有限公司
	账号	0001-87497844		账号	0001-6668888
	开户银行	工行朝阳支行		开户银行	工行复兴支行
金额	人民币（大写）	叁拾万元整		千百十万千百十元角分	¥30000000
票据种类	支票	票据张数	1		工行复兴支行 2018.06.06 转讫
票据号码	2004				
		复核　记账			收款人开户行盖章

此联是收款人开户银行交给收款人的收账通知

10-2

ICBC 中国工商银行　进账单　（收账通知）　3

2018年6月6日　　　　　　　　　　　　第2379号

出票人	全　称	丰盛贸易公司	收款人	全　称	华钢工贸股份有限公司
	账　号	0001-09873894		账　号	0001-6668888
	开户银行	交行北海支行		开户银行	工行复兴支行
金额	人民币（大写）	柒拾万元整		千百十万千百十元角分	￥ 7 0 0 0 0 0 0 0
票据种类	支票	票据张数	1		
票据号码	3305				
		复核　记账		收款人开户行盖章（工行复兴支行 2018.06.06 转讫）	

此联是收款人开户银行交给收款人的收账通知

10-3

企业发行债券申请书

企业名称：华钢工贸股份有限公司
地址：北京市复兴路100号
电话：010-78905555
债券种类：固定资产投资

企业申请发行债券理由	固定资产投资　申请单位（盖章） 财务负责人（章）　法人代表（章）　2018年6月1日		
企业主管部门意见	（盖章） 2018年6月1日	省、市计经委审查意见	（盖章） 2018年6月6日
开户银行审核意见	开户银行（盖章）（工行复兴支行） 经办人：刘江　负责人：田园　2018年6月6日		
人民银行审批意见	经审核同意你单位（公开）发行企业债券100万元，面值80万元，用于企业固定资产投资，期限三年，利率7%，发行时间为2018年6月6日，发行债券所筹集资金必须存入开户银行，本债券于2021年6月6日到期一次还本付息，本筹资款不得挪作他用。（财务专用章） 审批机关（盖章） 经办员：王海　行长：李建军　2018年6月6日		

11-1

付款业务申请单

2018年6月6日

用款单位	经营发展部	事由	参加全国钢铁贸易展览会参展费、相关工作人员经费等		
用款金额	¥350 000.00	人民币（大写）叁拾伍万元整			
经办人	吴虹南	财务负责人	王大为	出纳	何红

自制凭证：转账支票（11-2）。

12-1

ICBC 中国工商银行　汇票委托书　（存根）　1

委托日期2018年6月6日　　第0301号

收款人	山西省大同煤矿			汇款人	华钢工贸股份有限公司											
账号或住址	0031-5274316			账号或住址	0001-6668888											
兑付地点	山西省大同市县	支付行	工行	汇款用途	购焦炭											
汇款金额	人民币（大写）壹佰叁拾叁万肆仟元整				亿	千	百	十	万	千	百	十	元	角	分	
						¥	1	3	3	4	0	0	0	0	0	

此联由汇款人留存作记账凭证

备注：

科目__________

对方科目__________

财务主管　　复核　　经办

12-2

山西增值税专用发票

发票联

№ 0081786

0010031175

开票日期：2018年6月6日

购买方	名　　称：华钢工贸股份有限公司 纳税人识别号：001678967890001238 地址、电话：北京市复兴路100号010-85681153 开户行及账号：工行0001-6668888						密码区	略	
货物或应税劳务、服务名称		规格型号	单位	数量	单价	金额	税率	税额	
焦炭			吨	500	2 300	1 150 000.00	16%	184 000.00	
合计						¥1 150 000.00		¥184 000.00	
价税合计（大写）		⊗壹佰叁拾叁万肆仟元整				（小写）¥1 334 000.00			
销售方	名　　称：山西省大同煤矿 纳税人识别号：335789656783678900 地址、电话：大同长江路23号 0352-84421657 开户行及账号：工行0352－52743169						备注	山西省大同煤矿 335789656783678900 发票专用章	

第三联：发票联　购买方记账凭证

收款人：略　　复核：　　开票人：　　销售方：（章）

资料：购入的500吨焦炭直接转销大华钢铁公司，每吨售价2 500元。

自制凭证：增值税专用发票（12-3）、销售成本结转单（12-4）。

13-1

非货币性交易协议书

公司以一批废钢与丰硕公司的一辆汽车交换，废钢的账面成本为178 000元，公允价值为200 000元，适用税率为16%，丰硕公司另支付价差22 000元。支付价差及交付汽车的同时提走废钢。

华钢工贸股份有限公司（合同专用章）　　丰硕公司（合同专用章）

法定代表：李维和　　法定代表：刘海兴

2018年6月6日　　2018年6月6日

13-2

ICBC 中国工商银行 进账单 （收账通知） 3

2018年6月7日 第345号

出票人	全称	丰硕公司	收款人	全称	华钢工贸股份有限公司
	账号	0020-5688779		账号	0001-6668888
	开户银行	交行河北支行		开户银行	工行复兴支行

金额		千	百	十	万	千	百	十	元	角	分
人民币（大写）	贰万贰仟元整			¥	2	2	0	0	0	0	0

票据种类	支票	票据张数	1
票据号码	2067		

工行复兴支行 2018.06.07 转讫

复核 记账 收款人开户行盖章

此联是收款人开户银行交给收款人的收账通知

13-3

北京市事业单位收费收据

交款单位或个人：华钢工贸股份有限公司 2018年6月7日 № 280789

项目	单位	数量	标准	十	万	千	百	十	元	角	分
车辆过户费					¥	2	5	0	0	0	0
金额合计	人民币（大写）贰仟伍佰元整										

说明：①本收据限用于事业单位非经营性收据，其他无效 ②本收据需加盖收款单位或收款人印章

第二联 收据

北京市公安局车辆管理所 财务专用章

收款单位：北京市公安局车辆管理所 收款人：李林

自制凭证：转账支票（13-4）、固定资产调拨单（13-5）、出库单（13-6）。

14-1

北京增值税专用发票

发票联

№ 0081345

0010031588

开票日期：2018年6月7日

购买方	名　　称：华钢工贸股份有限公司 纳税人识别号：00167896789001238 地 址 、 电 话：北京市复兴路100号010-85681153 开户行及账号：工行0001-6668888	密码区	略

货物或应税劳务、服务名称	规格型号	单位	数量	单价	金额	税率	税额
运费					1 090.91	10%	109.09
合计					￥1 090.91		￥109.09
价税合计（大写）	⊗壹仟贰佰元整						（小写）￥1 200.00

销售方	名　　称：北京大件货运公司 纳税人识别号：123167896790761236 地 址 、 电 话：北京市昌平前进路90号010-89865301 开户行及账号：工行077-64829076	备注	北京大件货运公司 123167896790761236 发票专用章

收款人：关红　　复核：林森　　开票人：杨柳　　销售方：（章）

第三联：发票联　购买方记账凭证

14-2

北京增值税专用发票

发票联

№ 0081903

0010031165

开票日期：2018年6月7日

购买方	名　　称：华钢工贸股份有限公司 纳税人识别号：00167896789001238 地 址 、 电 话：北京市复兴路100号010-85681153 开户行及账号：工行0001-6668888	密码区	略

货物或应税劳务、服务名称	规格型号	单位	数量	单价	金额	税率	税额
线材	¢6.5	吨	20	3 000.00	60 000.00	16%	9 600.00
合计					￥60 000.00		￥9 600.00
价税合计（大写）	⊗陆万玖仟陆佰元整						（小写）￥69 600.00

销售方	名　　称：北京钢铁公司 纳税人识别号：445789656782378069 地 址 、 电 话：北京市朝阳区980号010-84421777 开户行及账号：工行0001-87774316	备注	北京钢铁公司 445789656782378069 发票专用章

收款人：略　　复核：　　开票人：　　销售方：（章）

第三联：发票联　购买方记账凭证

自制凭证：商品入库单（14-3）。

15-1

北京增值税专用发票

发票联

№ 0081913

0010031165

开票日期：2018年6月7日

购买方	名　　　称：华钢工贸股份有限公司 纳税人识别号：00167896789000123 8 地 址 、 电 话：北京市复兴路100号010-85681153 开户行及账号：工行0001-6668888				密码区	略		
货物或应税劳务、服务名称	规格型号	单位	数量	单价	金额	税率	税额	
螺纹钢	¢25MM	吨	200	3 600	720 000.00	16%	115 200.00	
合计					¥720 000.00		¥115 200.00	
价税合计（大写）	⊗捌拾叁万伍仟贰佰元整				（小写）¥835 200.00			
销售方	名　　　称：大华钢铁公司 纳税人识别号：010534712342367801 地 址 、 电 话：北京海淀区500号010-55681153 开户行及账号：工行0001-84497877				备注			

收款人：略　　复核：　　开票人：　　销售方：（章）

第三联：发票联　购买方记账凭证

资料：现金折扣条件为“2/10，1/20，n/30”。

自制凭证：商品入库单（15-2）。

16-1

华钢工贸股份有限公司进口业务联系单

部门　国际业务部　　　　2018年6月9日

收款单位	全　　称	澳大利亚铁矿集团	贸易方式	进口
	账　　号	340-2865904-2389	付款方式	信用证
	开 户 行	大通银行	付款性质	货款
	国　　别	澳大利亚	支付货币	美元
业务内容	信用证号	23095-3890		
	品名及规格	铁矿石		
	数　　量	100吨		
	付款金额	US$9 444.44（6.3）保险费US$674.6		
	装箱期	2018年6月12日	到港期	略
	简要说明	进口业务		
业务经办人		李力	财务经办人	宋宁
业务责任人		张方光	财务负责人	王大为
主管经理意见		同意进口　张现成　2018年6月9日		

16-2

信用证：

IRREVOCABLE DOCUMENTARY CREDIT APPLICATION

TO：BANK OF CHINA

☐With brief advice by teletransmission

☐Issue by express delivery

☐ Issue by teletransmission（which shall be the operative instrument）

Applicant

Partial shipments

☐allowed ☐not allowed

Transhipment

☐allowed ☐not allowed

Loading on board / dispatch / taking in charge at / from

not later than

for transportation to:

☐or other terms

Irrevocable Documentary

Number

Date and place of expiry

Beneficiary

Amount

Credit available with

☐by sight payment ☐by negotiation ☐by acceptance

☐by deferred payment at

☐and beneficiary's draft for % of invoice value at

Documents required:（marked with X）

1. ( ) Manually Signed Commercial Invoice in original and copies indicating this L/C No. （photo copy and carbon copy not acceptable as original）.

2. ( ) Full set（included original and non-negotiable copies）of Clean On Board "Freight " Ocean Bills of Lading made out to order and blank endorsed, marked "Notifying"

3. ( ) Air Waybills showing "Freight " and consigned to

Covering:

Additional instructions:

1. ( ) All banking charges outside the opening bank are for beneficiary's account.

2. ( ) Documents must be presented within days after the date of issuance of the transport documents but within the validity of this credit.

3. ( ) Third party as shipper is not acceptable. Short Form / Blank Back B/L is not acceptable.

4. ( ) Both quantity and amount % more or less are allowed.

Account No.: with （name of bank）

Transacted by: （Applicant: name, signature of authorized person）

Telephone No.: （with seal）

17

内蒙古增值税专用发票

发票联

№ 0090318

0010065311

开票日期：2018年6月9日

购买方	名称：华钢工贸股份有限公司 纳税人识别号：001678967890001238 地址、电话：北京市复兴路100号010-85681153 开户行及账号：工行0001-6668888	密码区	略				
货物或应税劳务、服务名称	规格型号	单位	数量	单价	金额	税率	税额
硅铁		吨	30	5 800	174 000.00	16%	27 840.00
合计					¥174 000.00		¥27 840.00
价税合计（大写）	⊗贰拾万壹仟捌佰肆拾元整				（小写）¥201 840.00		
销售方	名称：包头钢铁公司 纳税人识别号：989996567524560113 地址、电话：包头市长安区98号0472-8476787 开户行及账号：工行0472-7774316	备注	包头钢铁公司 989996567524560113 发票专用章				

第三联：发票联　购买方记账凭证

收款人：略　　复核：　　开票人：　　销售方：（章）

资料：准备出口到巴西，款已于上月预付。

18-1

中国银行 BANK OF CHINA

汇入汇款证实书

业务编号：

日期：2018年6月10日

到：　　运费

下列款项我行已于即日汇出，如有问题，请您与我行联系

支票号：

起息日		汇款金额	US＄2 634.92（6.3）
收款人账号/名称/地址	上海国际运输公司		
汇款公司	华钢工贸股份有限公司		

汇出款项

贷记账户	借记金额	买入价	汇款金额	备注
			US＄2 634.92	售出价

中国银行总行营业部

18-2

华钢工贸股份有限公司(外销发票)

发 票

合同号：33409　　发票号：3560　　日期：2018年6月9日

此致： 销往巴西 装由： 包头—上海港 至： 巴西 运输方式： 陆运、水运 净重：　30吨　毛重：　32吨	唛头： 硅铁
货名：硅铁　30吨　CIF $800	US$31 619

18-3

国际货物运输代理业专用发票

发票联

开户银行名称：

账　　号：

付款单位　华钢工贸股份有限公司　　开票日期　2018年6月10日

船名/航次/航班/车次　HN0237865　　提（运）单号　347098　　开航日期　2018年6月12日

起运港　上海　　卸货港　巴西　　目的港　巴西

收费内容	货物名称	数量	单价	金额	备注
出口货物运输	硅铁	30吨	$87.83	US$2 634.92	当日汇率6.3
金额合计	美元（大写）贰仟陆佰叁拾肆元玖角贰分			合计　US$2 634.92	

企业签章　　工商登记号　　复核　　制单

税务登记号　　（手开无效）

18-4

华钢工贸股份有限公司出口业务联系单

部门　经营发展部　　2018年6月9日

付款单位	全称	巴西钢铁厂	贸易方式	补偿贸易
	账号	028-389-1001	付款方式	信用证
	开户行	花旗银行	付款性质	货款
	国别	巴西	支付货币	美元
业务内容	信用证号	209-7890908		
	品名及规格	硅铁		
	数量	30吨		
	收款金额	US$31 619（6.3）￥199 200		
	装箱期	2018年6月12日	到港期	略
	简要说明 出口销售硅铁			
业务经办人		李力	财务经办人	宋宁
业务责任人		赵方光	财务负责人	王大为
主管经理意见 同意出口　张现成　2018年6月9日				

18-5

内蒙古增值税专用发票

发票联

№ 00091390

00100313330　　开票日期：2018年6月10日

购买方	名称：华钢工贸股份有限公司 纳税人识别号：001678967890001238 地址、电话：北京市复兴路100号010-85681153 开户行及账号：工行0001-6668888				密码区	略		
货物或应税劳务、服务名称	规格型号	单位	数量	单价	金额	税率	税额	
运费					4 363.64	10%	436.36	
合计					￥4 363.64		￥436.36	
价税合计（大写）	⊗肆仟捌佰元整				（小写）￥4 800.00			
销售方	名称：包头货运公司 纳税人识别号：023167896790761111 地址、电话：包头市包钢区800号0472-10898653 开户行及账号：工行0744-48294467				备注	包头货运公司 023167896790761111 发票专用章		

第三联：发票联　购买方记账凭证

收款人：周丽　　复核：胡成　　开票人：杨兴兰　　销售方：（章）

19-1

ICBC 中国工商银行 信汇凭证 （回单） 1

委托日期 2018年6月10日

汇款人				收款人			
全称	华钢工贸股份有限公司			全称	上海胜利运输公司		
账号或住址	0001-6668888			账号或住址	0021-8820910		
汇出地点	北京市	汇出行全称	工行复兴支行	汇入地点	上海市	汇入行全称	市工商行

金额	人民币（大写）	壹万叁仟元整	百	十	万	千	百	十	元	角	分
				¥	1	3	0	0	0	0	0

款项已汇入收款人账户 工行复兴支行 2018.06.10 转讫 汇入行签章	支付密码 附加信息及用途： 支付运费 复核 记账

此联汇出行给汇款人的回单

19-2

上海增值税专用发票

发票联

全国统一发票监制章 上海 国家税务总局监制

№ 0091340

0010071581

开票日期：2018年6月10日

购买方	名称：华钢工贸股份有限公司 纳税人识别号：001678967890001238 地址、电话：北京市复兴路100号010-85681153 开户行及账号：工行0001-6668888	密码区	略

货物或应税劳务、服务名称	规格型号	单位	数量	单价	金额	税率	税额
运费					11 818.18	10%	1 181.82
合计					¥11 818.18		¥1 181.82
价税合计（大写）	⊗壹万叁仟元整				（小写）¥13 000.00		

销售方	名称：上海胜利运输公司 纳税人识别号：556699548623156900 地址、电话：上海市松江区190号021-89867309 开户行及账号：工行0769-64849078	备注	上海胜利运输公司 556699548623156900 发票专用章

收款人：张昌义 复核：刘伟 开票人：王奇 销售方：（章）

第三联：发票联 购买方记账凭证

19-3

上海增值税专用发票

发票联

№ 0081098

1320031170

开票日期：2018年6月10日

购买方	名　　　称：华钢工贸股份有限公司 纳税人识别号：001678967890001238 地 址 、 电 话：北京市复兴路100号010-85681153 开户行及账号：工行0001-6668888	密码区	略

货物或应税劳务、服务名称	规格型号	单位	数量	单价	金额	税率	税额
工字钢	Q235	吨	10	2 800	28 000.00	16%	4 480.00
合计					￥28 000.00		￥4 480.00
价税合计（大写）	⊗叁万贰仟肆佰捌拾元整				（小写）￥32 480.00		

销售方	名　　　称：上海宝山钢铁集团 纳税人识别号：008759656782468902 地 址 、 电 话：上海松江区660号021-85551657 开户行及账号：工行0511-5682697	备注	上海宝山钢铁集团 008759656782468902 发票专用章

收款人：略　　复核：　　开票人：　　销售方：（章）

第三联：发票联　购买方记账凭证

自制凭证：商品入库单（19-4）。

20-1

代 销 协 议

大华钢铁公司委托华钢工贸股份有限公司销售¢6.5mm高速线材300吨，单价3 970元/吨，采用收取手续费方式代销。在销售完成后，委托方应支付受托方手续费59 550元。

委托方：大华钢铁公司
2018年6月13日
（大华钢铁公司 合同专用章）

受托方：华钢工贸股份有限公司
2018年6月13日
（华钢工贸股份有限公司 合同专用章）

自制凭证：商品入库单（20-2）。

21-1

商品购进短缺溢余报告单

2018年6月14日　　　　　　　　　　　　　　　　　　编号：10

货号	品名	单位	应收数量	实收数量	单价	短缺		溢余		备注
						数量	金额	数量	金额	
	槽钢	吨	20	18	2 650.00	2	5 300.00			进项税额848.00元
合计							5 300.00			
供货单位：鞍山钢铁集团 发货单号：			短缺溢余原因	1吨是供货单位少发；另1吨原因待查		处理意见				

主管：王大为　　　　复核：沈玲　　　　制表：林静

21-2

辽宁增值税专用发票

发票联

№ 10916421

1210071589　　　　　　　　　　　　　　　开票日期：2018年6月10日

购买方	名　　称：华钢工贸股份有限公司 纳税人识别号：00167896789001238 地 址 、 电 话：北京市复兴路100号010-85681153 开户行及账号：工行0001-6668888	密码区	略

货物或应税劳务、服务名称	规格型号	单位	数量	单价	金额	税率	税额
运费					6 363.64	10%	636.36
合计					￥6 363.64		￥636.36
价税合计（大写）	⊗柒仟元整					（小写）￥7 000.00	

销售方	名　　称：鞍山长发运输公司 纳税人识别号：614156789494012100 地 址 、 电 话：鞍山市首山区17号 0418-89865610 开户行及账号：工行0219-84849245	备注	鞍山长发运输公司 614156789494012100 发票专用章

第三联：发票联　购买方记账凭证

收款人：赵一林　　　　复核：王小健　　　　开票人：刘成成　　　　销售方：（章）

21-3

辽宁增值税专用发票

发票联

№ 3033098

5420031170

开票日期：2018年6月14日

购买方	名　　称：华钢工贸股份有限公司 纳税人识别号：001678967890001238 地 址 、电 话：北京市复兴路100号010-85681153 开户行及账号：工行0001-6668888				密码区	略	
货物或应税劳务、服务名称	规格型号	单位	数量	单价	金额	税率	税额
槽钢	Q235	吨	20	2 650	53 000.00	16%	8 480.00
合计					¥53 000.00		¥8 480.00
价税合计（大写）	陆万壹仟肆佰捌拾元整					（小写）¥61 480.00	
销售方	名　　称：鞍山钢铁集团 纳税人识别号：008759654434560033 地 址 、电 话：鞍山市首山区58号0412-85588757 开户行及账号：工行0412-3270154				备注	鞍山钢铁集团 008759654434560033 发票专用章	

第三联：发票联　购买方记账凭证

收款人：　　复核：　　开票人：　　销售方：（章）

21-4

辽宁增值税专用发票

发票联

№ 3033099

5420031170

开票日期：2018年6月14日

购买方	名　　称：华钢工贸股份有限公司 纳税人识别号：001678967890001238 地 址 、电 话：北京市复兴路100号010-85681153 开户行及账号：工行0001-6668888				密码区	略	
货物或应税劳务、服务名称	规格型号	单位	数量	单价	金额	税率	税额
槽钢	Q235	吨	1	2 650	2 650.00	16%	424.00
合计					¥2 650.00		¥424.00
价税合计（大写）	⊗叁仟柒拾肆元整					（小写）¥3 074.00	
销售方	名　　称：鞍山钢铁集团 纳税人识别号：008759654434560033 地 址 、电 话：鞍山市首山区58号0412-85588757 开户行及账号：工行0412-3270154				备注	鞍山钢铁集团 008759654434560033 发票专用章	

第三联：发票联　购买买记账凭证

收款人：略　　复核：　　开票人：　　销售方：（章）

资料：此业务与12月2日预付鞍钢货款业务相关。实收18吨，短缺20吨，其中：1吨是供货单位少发所致，另一吨原因待查。

注：此张为红字发票。

自制凭证：商品入库单（21-5）。

22

出差报销单

单据：10张　　2018年6月13日

出差人	王佳	共3人	职务	业务主管	部门	国际业务部	审批人	李维和
出差事由	参加定货洽谈		出差日期	自 2018年5月15日				
到达地点	日本			至 2018年5月20日共5天				
交通工具				其他	旅馆费	伙食补助		
火车	汽车	轮船	飞机		住宿 5 天	在途 2 天	住宿 天	
4 000	1 500		23 000		25 000	2 500		
总计人民币（大写）伍万陆仟元整						￥56 000.00		
借款金额	56 000.00			结余或超支金额				

主管：王大为　　会计：宋宁　　出纳：何红

23-1

工薪结算表

2018年6月15日　　单位：元

部门	工资总额	个人承担社保	个人承担公积金	个人所得税	扣款合计	实发工资
总裁办公室	85 000	4 320	3 240	9 720	17 280	67 720
党政其他部门	60 010	3 024	2 268	6 804	12 096	47 914
资产财务部	23 990	1 188	891	2 673	4 752	19 238
人力资源部	46 000	2 268	1 701	5 103	9 072	36 928
经营发展部	24 000	1 196	897	2 691	4 784	19 216
国际业务部	120 000	5 980	4 485	13 455	23 920	96 080
投资管理部	41 000	2 024	1 518	4 554	8 096	32 904
总计	400 000	20 000	15 000	45 000	80 000	320 000

自制凭证：工薪分配汇总表（23-2）。

24-1

ICBC 中国工商银行　交款单　（付账通知）　6

2018年6月7日　　第534号

交款人	全　称	华钢工贸股份有限公司	收款人	全　称	社会保险公司
	账　号	0001-6668888		账　号	0020-56789234
	开户银行	工行复兴支行		开户银行	北京银行长安支行

人民币（大写）	千	百	十	万	千	百	十	元	角	分
玖万伍仟元整			¥	9	5	0	0	0	0	0

票据种类	支票	票据张数	1
票据号码	2068		

工行复兴支行 2018.06.07 付讫

复核　记账　　付款人开户行盖章

此联是付款人开户银行交给付款人的付账通知

24-2

ICBC 中国工商银行　交款单　（付账通知）　6

2018年6月15日　　第535号

交款人	全　称	华钢工贸股份有限公司	收款人	全　称	住房公积金管理中心
	账　号	0001-6668888		账　号	0020-11234560
	开户银行	工行复兴支行		开户银行	工行静安支行

人民币（大写）	千	百	十	万	千	百	十	元	角	分
柒万伍仟元整			¥	7	5	0	0	0	0	0

票据种类	银行汇票	票据张数	1
票据号码	2069		

工行复兴支行 2018.06.15 付讫

复核　记账　　付款人开户行盖章

此联是付款人开户银行交给付款人的付账通知

资料：含个人及单位公积金和社会保险。其中：单位公积金60 000元，单位社会保险75 000元。

24-3

中华人民共和国
税收电子转账专用完税证　　地

2018年6月15日（201018）　　北地电：　　NO.01207688

税务登记代码	330702123456789	征税机关	北京市地方税务局
纳税人全称	华钢工贸股份有限公司	账号	0001-6668888
税种	个人所得税	收款银行	工行复兴支行

人民币（大写）	肆万伍仟元整			千	百	十	万	千	百	十	元	角	分
						¥	4	5	0	0	0	0	0
税款所属时期	2018年5月31日	实缴金额	45 000	备注：									
税务机关（盖章）													
	收款银行（盖章）		经手人（盖章）										

工行复兴支行 2018.06.15 转讫

此凭证作纳税人完税凭证，此外无效

电脑打印　手工无效

25-1

北京增值税专用发票
抵扣联

全国统一发票监制章 北京 国家税务总局监制

№ 0181929

0010031648

开票日期：2018年6月15日

购买方	名　　称：华钢工贸股份有限公司 纳税人识别号：001678967890001238 地 址 、电 话：北京市复兴路100号 010-85681153 开户行及账号：工行 0001-6668888	密码区	略				
货物或应税劳务、服务名称	规格型号	单位	数量	单价	金额	税率	税额
参展费					301 887.00	6%	18 113.00
合计					¥301 887.00		¥18 113.00
价税合计（大写）	⊗叁拾贰万元整				（小写）¥320 000.00		
销售方	名　　称：北京展览馆 纳税人识别号：101037583975639836 地 址 、电 话：北京西直门3450号 010-57864936 开户行及账号：工行 0001-87400007	备注	北京展览馆 101037583975639836 发票专用章				

收款人：略　　复核：　　开票人：　　销售方：（章）

第二联：抵扣联　购买方扣税凭证

25-2

北京增值税专用发票
发票联

№ 0181929

0010031648

开票日期：2018年6月15日

购买方	名　　称：华钢工贸股份有限公司 纳税人识别号：001678967890001238 地 址 、电 话：北京市复兴路100号 010-85681153 开户行及账号：工行 0001-6668888				密码区	略	
货物或应税劳务、服务名称	规格型号	单位	数量	单价	金额	税率	税额
参展费					301 887.00	6%	18 113.00
合计					¥301 887.00		¥18 113.00
价税合计（大写）	⊗叁拾贰万元整				（小写）¥320 000.00		
销售方	名　　称：北京展览馆 纳税人识别号：101037583975639836 地 址 、电 话：北京西直门3450号 010-57864936 开户行及账号：工行 0001-87400007				备注	北京展览馆 101037583975639836 发票专用章	

收款人：略　　复核：　　开票人：　　销售方：（章）

第三联：发票联　购买方记账凭证

25-3

ICBC 中国工商银行　交款单　（付账通知）　6

2018年6月16日　　第1109号

交款人	全　称	北京展览馆	收款人	全　称	华钢工贸股份有限公司
	账　号	0001-87400007		账　号	0001-6668888
	开户银行	工行雅安支行		开户银行	工行复兴支行

人民币（大写）	千	百	十	万	千	百	十	元	角	分
叁万元整			¥	3	0	0	0	0	0	0

票据种类	支票	票据张数	1
票据号码	9805		

复核　记账

工行雅安支行
2018.06.16
转讫

付款人开户行盖章

此联是付款人开户银行交给付款人的付账通知

资料：退回6月6日预付展览费余款。

26

6月16日支付6月7日从大华钢铁公司购入螺纹钢的货款。

自制凭证：转账支票（26）。

27-1

商品代销清单

制单日期：2018年6月16日　　　　NO：8970

委托单位：华钢工贸股份有限公司　　　　增值税专用发票号码 0281929

序号	产品名称	规格型号	计量单位	数量	单价	金额（不含税）
	螺纹钢	Q235	吨	50	3 400	170 000.00
合计						170 000.00

制单：张力　　　　会计：林静

27-2

上海市普通发票

发票联

G0102000321611531　　　　No.0757400

客户名称：华钢工贸股份有限公司　　　　开票日期：2018年6月16日

货号	品名及规格	计量单位	数量	单价	金额 万	千	百	十	元	角	分
	手续费				¥	8	0	0	0	0	0
人民币合计（大写）	捌仟元整				¥	8	0	0	0	0	0
企业名称	（加盖发票专用章）	电话		说明：代销货物							
		结算方式									

②发票联

地址：　　　　开票人（章）：　　　　收款人（章）：略

自制凭证：专用发票（27-3）。

28

ICBC 中国工商银行　进账单　（收账通知）　3

2018年6月16日　　　　第234号

出票人	全　称	上海闽行物资有限公司	收款人	全　称	华钢工贸股份有限公司
	账　号	021-2938707		账　号	0001-6668888
	开户银行	工行九宫支行		开户银行	工行复兴支行
金额	人民币（大写）	壹拾玖万零玖佰元整		千百十万千百十元角分	¥ 1 9 0 9 0 0 0 0
票据种类	银行汇票	票据张数	1		
票据号码	234				
		复核　记账		收款人开户行盖章	

此联是收款人开户银行交给收款人的收账通知

工行复兴支行 2018.06.16 转讫

资料：收到受托方（上海闽行物资有限公司）转来的销货款。

29-1

北京市国家税务局
企业进货退出及索取折让证明单(2)

NO.39878909

销货单位	全称	华钢工贸股份有限公司			
	税务登记号	001678967890001238			
进货退出	货物名称	单价	数量	货款	税额
	角钢	3 800.00	2吨	7 600.00	1 216.00
索取折让	货物名称	货款	税额	要求	
				折让金额	折让税额
退货或索取折让理由	发货单位有误 经办人： 单位签章： 2018年6月18日		税务征收机关签章	经办人： 2018年6月18日	
购货单位	全称	大有建筑公司			
	税务登记号	001789656782167890			

本证明单一式三联：第一联，征收机关留存；第二联，交销售方；第三联，购货方留存。

自制凭证：红字专用发票（29-2）。

资料：5日销售给大有建筑公司的角钢2吨，与对方所需品质不同，对方退货。

30-1

北京市国家税务局
企业进货退出及索取折让证明单(2)

NO.39878910

销货单位	全称	华钢工贸股份有限公司			
	税务登记号	001678967890001238			
进货退出	货物名称	单价	数量	货款	税额
索取折让	货物名称	货款	税额	要求	
				折让金额	折让税额
	角钢	19 000.00	3 040.00	5 700.00	912.00
退货或索取折让理由	发货单位货物品质不符，同意折让30%。 经办人： 单位签章： 2018年6月18日		税务征收机关签章	经办人： 2018年6月18日	
购货单位	全称	大有建筑公司			
	税务登记号	001789656782167890			

本证明单一式三联：第一联，征收机关留存；第二联，交销售方；第三联，购货方留存。

自制凭证：红字专用发票（30-2）。

资料：5日销售给大有建筑的角钢5吨，与对方要求的品质不同，对方提出销售折让，经商定同意按30%折让。

31

商品购进短缺溢余报告单

2018年6月19日　　　　编号：11

货号	品名	单位	应收数量	实收数量	单价	短缺		溢余		备注
						数量	金额	数量	金额	
	槽钢	吨	20	18	2 650.00	2	5 300.00			进项税额848.00元
合计							5 300.00			
供货单位：独山钢铁集团 发货单号：				短缺溢余原因	1吨是供货单位少发；另1吨原因待查	处理意见	0.5吨属于运输部门责任；0.3吨属于无法收回的损失（自然损耗），报领导批准后计入销售费用；0.2吨属不可抗力造成的损失，保险公司赔偿80%后，其净损失转作营业外支出			

主管：王大为　　　　复核：沈玲　　　　制表：林静

32-1

ICBC 中国工商银行　进账单　（收账通知）　3

2018年6月22日　　　　第235号

出票人	全　称	上海钢铁厂	收款人	全　称	华钢工贸股份有限公司
	账　号	021-3847566		账　号	0001-6668888
	开户银行	浦发银行南京路支行		开户银行	工行复兴支行
金额	人民币（大写）	壹佰叁拾捌万壹仟伍佰陆拾元整		千百十万千百十元角分	¥138156000
票据种类	银行汇票	票据张数	1		
票据号码	235				
复核　记账				收款人开户行盖章	工行复兴支行 2018.06.22 转讫

此联是收款人开户银行交给收款人的收账通知

资料：受大华钢铁公司所托代销 ¢6.5线材300吨，单价3 970元，全部销售。

自制凭证：专用发票（32-2）。

33-1

辽宁增值税专用发票

发票联

№ 3033098

5420031170

开票日期：2018年6月22日

购买方	名　　　称：大华钢铁公司 纳税人识别号：010534712342367801 地 址 、 电 话：北京海淀区500号010-55681153 开户行及账号：工行0001-84497844	密码区	略

货物或应税劳务、服务名称	规格型号	单位	数量	单价	金额	税率	税额
手续费					56 179.00	6%	3 371.00
合计					¥56 179.00		¥3 371.00
价税合计（大写）	⊗伍万玖仟伍佰伍拾元整				（小写）¥59 550.00		

销售方	名　　　称：华钢工贸股份有限公司 纳税人识别号：001678967890001238 地 址 、 电 话：北京市复兴路100号010-85681153 开户行及账号：工行0001-6668888	备注	华钢工贸股份有限公司 001678967890001238 发票专用章

收款人：略　　复核：　　开票人：　　销售方：（章）

第三联：发票联　购买方记账凭证

33-2

北京增值税专用发票

发票联

№ 0033098

0020031170

开票日期：2018年6月22日

购买方	名　　　称：华钢工贸股份有限公司 纳税人识别号：001678967890001238 地 址 、 电 话：北京市复兴路100号010-85681153 开户行及账号：工行0001-6668888	密码区	略

货物或应税劳务、服务名称	规格型号	单位	数量	单价	金额	税率	税额
高速线材	¢6.5	吨	300	3 970	1 191 000.00	16%	190 560.00
合计					¥1 191 000.00		¥190 560.00
价税合计（大写）	⊗壹佰叁拾捌万壹仟伍佰陆拾元整				（小写）¥1 381 560.00		

销售方	名　　　称：大华钢铁公司 纳税人识别号：010534712342367801 地 址 、 电 话：北京海淀区500号010-55681153 开户行及账号：工行0001-84497844	备注	大华钢铁公司 010534712342367801 发票专用章

收款人：略　　复核：　　开票人：　　销售方：（章）

第三联：发票联　购买方记账凭证

33-3

商品代销清单

制单日期：2018年6月22日　　　　NO：5839

委托单位：大华钢铁公司　　　　增值税专用发票号码 1678967

序号	产品名称	规格型号	计量单位	数量	单价	金额（不含税）
	高速线材	¢6.5	吨	300	3 970	1 191 000.00
合计						1 191 000.00

制单：张力　　　　会计：林静

资料：受大华钢铁公司所托代销 ¢6.5线材300吨，全部销售，按货款5%收取手续费。

34

12月23日，偿付大华钢铁公司代销货款1 322 010.00元。

自制凭证：转账支票（34）。

35-1

佣金协议

甲方：华钢工贸股份有限公司

乙方：加欧钢铁商贸公司

经双方协商一致，乙方为甲方在巴西销售30吨硅铁提供代理服务，根据034589号合同规定，甲方应按照合同金额，向乙方支付6 048.00元的佣金（美元975）。

甲方：华钢工贸股份有限公司（印章：华钢工贸股份有限公司 合同专用章）
2018年6月23日

乙方：加欧钢铁商贸公司（印章：加欧钢铁商贸公司 合同专用章）
2018年6月23日

35-2

ICBC 中国工商银行 进账单 （收账通知） 3

2018年6月23日 第285号

出票人	全称	加政钢铁商贸公司	收款人	全称	华钢工贸股份有限公司
	账号	021-3847000		账号	0001-6668888
	开户银行	浦发银行		开户银行	工行复兴支行
金额	人民币（大写）	壹拾玖万伍仟伍佰伍拾贰元整		千百十万千百十元角分	¥19555200
票据种类	银行汇票	票据张数	1		
票据号码	238				
		复核 记账		收款人开户行盖章	

工行复兴支行 2018.06.23 转讫

此联是收款人开户银行交给收款人的收账通知

资料：收回出口硅铁货款，当日汇率6.2。

36

临时出国人员供汇费用预算表

填表时间：2018年6月25日

团组名称 投资考察		派赴国名 澳大利亚		出国时间 10天	
批准出国天数：10天		批准出国人数：4人		团（组）长：江南	
主管财务人员及护照号	90808		出国路线 北京—澳大利亚		
费用项目	外币金额	外汇申请数20 000美元			
飞机票	16 520	币别（人民币）	折美元		外汇来源
伙食费	2 200		汇率	金额	
住宿费	3 000	168 000	6.3	26 520	
公杂费	2 000				定额
城市间交通费	1 800				
个人零用费	1 000				
		备注			

37

周转材料摊销计算表

2018年6月24日

名称	摊销前余额	本月摊销	摊销后余额
办公用品	25 980.00	3 000.00	22 980.00

38-1

ICBC 中国工商银行　进账单　（收账通知）　3

2018年6月24日　　　　第287号

出票人	全　称	大华钢铁公司	收款人	全　称	华钢工贸股份有限公司
	账　号	0001-84497844		账　号	0001-6668888
	开户银行	工行		开户银行	工行复兴支行

金额	人民币（大写）	伍拾万元整	千	百	十	万	千	百	十	元	角	分
				¥	5	0	0	0	0	0	0	0

票据种类	支票	票据张数	1
票据号码	3497		
复核　记账		收款人开户行盖章（工行复兴支行 2018.06.24 转讫）	

此联是收款人开户银行交给收款人的收账通知

资料：参展费。

38-2

ICBC 中国工商银行　信汇凭证　（收账通知）　4

委托日期　2018年6月24日　　　　第333号

汇款人	全　称	上海宝山钢铁集团		收款人	全　称	华钢工贸股份有限公司	
	账号或住址	021-85681153			账号或住址	0001-6668888	
	汇出地点	上海市	汇出行全称：工商银行		汇入地点	北京市	汇入行全称：工行复兴支行

金额	人民币（大写）	捌拾万元整	百	十	万	千	百	十	元	角	分
			¥	8	0	0	0	0	0	0	0

汇款用途：	留行待取预留收款人印鉴

上列款项已代进账，如有错误，请持此联来行面洽。此致（开户单位） （汇入行盖章） 年　月　日	上列款项已照收无误 （收款人盖章） 年　月　日	科目（付）________ 对方科目（收）________ 汇入行解汇日期　年　月　日 复核员　出纳员 记账员

（印章：工行复兴支行 2018.06.24 转讫）

此联给收款人的收账通知

38-3

ICBC 中国工商银行 信汇凭证 （收账通知） 4

委托日期 2018年6月24日 第334号

汇款人	全　称	独山钢铁集团		收款人	全　称	华钢工贸股份有限公司	
	账号或住址	0412-85681153			账号或住址	0001-6668888	
	汇出地点	辽宁独山	汇出行全　称：工商银行		汇入地点	北京市	汇入行全　称：工行复兴支行
金额	人民币（大写）	柒拾万元整				百十万千百十元角分	¥ 7 0 0 0 0 0 0 0
汇款用途：						留行待取预留收款人印鉴	

上列款项已代进账，如有错误，请持此联来行面洽。此致 （开户单位） （汇入行盖章） 年　月　日	上列款项已照收无误 （收款人盖章） 年　月　日	科目（付） 对方科目（收） 汇入行解汇日期　年　月　日 复核员　出纳员 记账员

工行复兴支行 2018.06.24 转讫

此联给收款人的收账通知

资料：公司承办商品展会，现收到展前各单位的参展费汇款。

39-1

ICBC 中国工商银行 进账单 （收账通知） 3

2018年6月26日 第299号

出票人	全　称	丰硕公司	收款人	全　称	华钢工贸股份有限公司
	账　号	0020-58862376888		账　号	0001-6668888
	开户银行	交行河北支行		开户银行	工行复兴支行
金额	人民币（大写）	贰万元整		千百十万千百十元角分	¥ 2 0 0 0 0 0 0
票据种类	银行汇票	票据张数	1		
票据号码	3488				
	复核　记账			收款人开户行盖章	

工行复兴支行 2018.06.26 转讫

此联是收款人开户银行交给收款人的收账通知

39-2

对外投资收益确认证明

根据本年股票发行公司股东会决议，收到丰硕公司现金股利20 000元（采用成本法核算）；同时，大华钢铁公司本年实现利润400 000元（本公司持有其90%的股票），按投资额调整损益（采用权益法）。

投资经营部 卢言

资产财务部 王大为

2018年6月26日

华钢工贸股份有限公司 合同专用章

40-1

北京增值税专用发票

发票联

№ 0081377

0010031590

开票日期：2018年6月12日

购买方	名　　称：华钢工贸股份有限公司 纳税人识别号：001678967890001238 地 址 、电 话：北京市复兴路100号010-85681153 开户行及账号：工行0001-6668888	密码区	略

货物或应税劳务、服务名称	规格型号	单位	数量	单价	金额	税率	税额
运费	铁矿石	吨	100		5 454.55	10%	545.45
合计					￥5 454.55		￥545.45
价税合计（大写）	⊗陆仟元整				（小写）￥6 000.00		

销售方	名　　称：北京大件货运公司 纳税人识别号：123167896790761236 地 址 、电 话：北京市昌平前进路90号010-89865301 开户行及账号：工行077-64829076	备注	北京大件货运公司 123167896790761236 发票专用章

第三联：发票联 购买方记账凭证

收款人：关红　　复核：林森　　开票人：杨柳　　销售方：（章）

40-2

国际货物运输代理业专用发票

发票联

开户银行名称：

账　　　号：

付款单位 华钢工贸股份有限公司　开票日期 2018年6月12日

船名/航次/航班/车次 1N0237665　提（运）单号 3098098　开航日期 2018年6月12日

起运港 澳大利亚　卸货港 上海　目的港 北京

收费内容	货物名称	数量	单价	金额	备注
进出口货物运输	铁矿石	100吨	$6.5385	US$653.85	当日汇率6.5
金额合计	人民币（大写） 伍佰元整			合计 US$653.85	

企业签章　工商登记号　税务登记号　复核（手开无效）　制单

40-3

华钢工贸股份有限公司(外购发票)

发　票

合同号：23670　发票号：444406　日期：2018年6月26日

此致：从澳大利亚购入 装由：澳大利亚——上海港 至：北京 运输方式：陆运、水运			唛头：铁矿石
净重：100吨	毛重：103吨		
货名：铁矿石	100吨	CIF$91.5385	CIF$9153.85

资料：当日汇率6.5。

自制凭证：转账支票（40-4）。

41-1

长城证券营业所

2018年6月26日　　成交过户交割凭单	买
公司代码：1367 股东账号：0001-6668888 资金账号：9087 股东姓名：华钢工贸股份有限公司	证券名称：日新A股　　茂翔股份　代码： 成交数量：3 000股 成交价格：50元 成交金额：150 000元
申请编号：23490 申请时间：2018年6月26日10：00 成交时间：2018年6月26日10：50 资金前余额： 资金余额： 证券前余额： 本次余额：	标准佣金： 过户费用： 印花税： 附加费用： 其他费用： 实际收付金额：150 000元
备注：含已宣告尚未支付的股利16 000元	

自制凭证：转账支票（41-2）。

42-1

工会经费计算表

2018年6月26日　　No.28156

项目	金额	单位名称	华钢工贸股份有限公司
工会经费	6 400.00	所属月份：2018年6月	
		备注：	
合计	6 400.00		
人民币（大写）	陆仟肆佰元整		

资料：上交工会经费。

自制凭证：转账支票（42-2）。

43-1

海关进口增值税专用缴款书

收入系统：　　　　填发日期：2018年6月26日　　　　号码 No.2379

收款单位	收入机关	国税局		缴款单位(人)	名　称	华钢工贸股份有限公司
	科　目	预算级次	市级		账　号	0001-6668888
	收缴国库	市级			开户银行	工行

税号	货物名称	数量	单位	完税价格(¥)	税率(%)	税款金额(¥)
	铁矿石	100	吨	63 750	16	10 200
金额人民币(大写)	壹万零贰佰元整				合计(¥)	10 200.00

申请单位编号		报关单编号		填制单位	收款国库(银行)
合同(批文)号		运输工具(号)		制单人 复核人	
缴款期限		提／装货单号			
备注					

从填发缴款书之日起限15日内缴纳（期末遇法定节假日顺延），逾期按日征收税款总额万分之五的滞纳金。

自制凭证：商品入库单（43-2）。

44-1

ICBC 中国工商银行　进账单　（收账通知）　3

2018年6月26日　　　　第348号

出票人	全　称	山西光大五金矿公司	收款人	全　称	华钢工贸股份有限公司
	账　号	003-58623888		账　号	0001-6668888
	开户银行	交行		开户银行	工行复兴支行
金额	人民币(大写)	壹拾壹万贰仟叁佰贰拾元整		千百十万千百十元角分	¥ 1 1 2 3 2 0 0 0
票据种类	银行汇票	票据张数	1		
票据号码	3490				
		复核　记账		收款人开户行盖章	工行复兴支行 2018.06.26 转讫

此联是收款人开户银行交给收款人的收账通知

资料：进口铁矿石全部销售给国内山西光大五金矿公司，单位售价960元/吨。

自制凭证：专用发票（44-2）、商品出库单（44-3）。

45

外贸企业出口退税进货明细申报表

企业代码：

企业名称（章）：华钢工贸股份有限公司

纳税人识别号：　　申报日期：2018年6月30日　　申报批次：　　金额单位：元至角分

序号	税种	开票日期	商品名称	计量单位	数量	计税金额	征税率（%）	征税税额	退税率（%）	应退税额	专用税票号
	增值税	2018.6.26	硅铁	吨	30	174 000	16%	27 840	0	0	

企业填表人：宋宁　　财务负责人：王大为　　企业负责人：李维和　　填表日期：2018年6月30日

46

6月30日，计算汇兑损益，6月30日美元兑人民币汇率为1∶6.3。

自制凭证：汇兑损益计算表（46）。

47

无形资产摊销表

2018年6月30日

无形资产账面余额	本月摊销额	无形资产尚未摊销价值
	71 800.00	

制表：林静　　财务负责：王大为

48

固定资产折旧计算表

2018年6月

金额单位：元

使用部门	固定资产名称	原始价值	年折旧率	月折旧额	年折旧额
集团	办公楼	15 000 000	6%	75 000	900 000
总裁办公室	办公用汽车	1 260 000	11.5%	12 075	144 900
经营发展部	经营货场	4 255 000	5%	17 729	212 750
经营发展部	经营商品库	2 188 000	8%	14 587	175 040
经营发展部	经营用汽车	1 522 000	12%	15 220	182 640
合计		24 225 000		134 611	1 615 330

制表：林静　　财务负责：王大为

49

资产减值计算表

2018年6月30日

资产	账面价值（或成本）	可变现净值（或市价）	跌价损失	期初已提准备额	计提减值准备
存货		3 378 513		116 790	
交易性金融资产		267 000		3 000	
长期股权投资		5 046 600		803 400	
固定资产		13 065 309		345 000	
无形资产		8 480 582		37 320	

制表：林静　　　　财务负责：王大为

50

坏账准备计算表

2018年6月

账户名称	账面余额	计提比例	坏账准备额	期初余额	应计提数
应收账款		5%			
其他应收款		3%			
合计					

制表：林静　　　　财务负责：王大为

51

长期借款、应付债券利息计算表

2018年6月30日　　　　单位：元

会计科目	账面价值	应计利息
长期借款	9 445 000	45 000
应付债券	4 824 000	24 000
合　　计	14 269 000	69 000

制表：林静　　　　财务负责：王大为

52

第二季度银行借款利息计算表

2018年6月30日　　　　　　单位：元

短期借款余额	本季度支付利息	已计提利息	应计利息
230 000	2 874		

制表：林静　　　　　　财务负责：王大为

53

中国工商银行计算利息清单

华钢工贸股份有限公司　　　　2018年6月30日　　　　账号：0001-6668888

起息日期	结息日期	天数	积数	利率	利息
2018/3/30	2018/6/30	91	756 315.78	3.8‰	2 874.00

上列存款利息，已照付你单位
第0001-8448790号账户
（工商银行盖章）

备注：

工行复兴支行 2018.06.30 转讫

54

税费计算表

2018年6月30日

税种	税率	税额
增值税	16%	
地方教育费附加	2%	
城市维护建设税	7%	
教育费附加	3%	

资料：6月30日，计算应交纳的各种流转税。

55

6月30日，结转本月收入、支出。

56

6月30日计算所得税。

57

6月30日，结转本年利润。

58

利润分配计算表

2018年6月30日

分配项目	比例	金额
可供分配的利润		
提取法定盈余公积	10%	
提取任意盈余公积	20%	
可供投资者分配的利润		
应付普通股股利	15%	

59

6月30日，结转利润分配明细账。

60

工商银行(复兴支行)对账单

账号：0001-6668888　　单位名称：华钢工贸股份有限公司　　币种：人民币

2018年		凭证种类	凭证号	发生额		余额	记账员
月	日			借方	贷方		
6	22					3 512 568.00	0456
6	22	进账单	235		1 381 560.00	4 894 128.00	0456
6	23	支票	1123	1 322 010.00		3 572 118.00	0456
6	24	进账单	287		500 000.00	4 072 118.00	0456
6	24	信汇	333		800 000.00	4 872 118.00	0456
6	24	信汇	334		700 000.00	5 572 118.00	0456
6	24	进账单	234		190 900.00	5 763 018.00	0456
6	24	信汇	335		700 000.00	6 463 018.00	0456
6	26	进账单	347		20 000.00	6 483 018.00	0456
6	26	支票	2245	6 000.00		6 477 018.00	0456
6	26	转账	223	17 238.00		6 459 780.00	0456
6	27	支票	1236	150 000.00		6 309 780.00	0456
6	30	利息	208	6 400.00		6 303 380.00	0456
6	30	进账单	348	10 200.00		6 293 180.00	0456
6	30	转账	1255		112 320.00	6 405 500.00	0456
6	30	利息	109	2 874.00		6 402 626.00	0456

二、部分自制原始凭证

中国工商银行
转账支票存根
NO.
附加信息

出票日期　年　月　日

收款人：
金额：
用途：

单位主管　会计

中国工商银行转账支票　NO.

出票日期（大写）　年　月　日　付款行名称：
收款人：　出票人账号：

付款期限自出票之日起十天

人民币（大写）	亿	千	百	十	万	千	百	十	元	角	分

用途＿＿＿＿＿＿　密码＿＿＿＿＿＿
上列款项请从　行号＿＿＿＿＿＿
我账户内支付　复核　记账
出票人签章

中国工商银行
转账支票存根
NO.
附加信息

出票日期　年　月　日

收款人：
金额：
用途：

单位主管　会计

中国工商银行转账支票　NO.

出票日期（大写）　年　月　日　付款行名称：
收款人：　出票人账号：

付款期限自出票之日起十天

人民币（大写）	亿	千	百	十	万	千	百	十	元	角	分

用途＿＿＿＿＿＿　密码＿＿＿＿＿＿
上列款项请从　行号＿＿＿＿＿＿
我账户内支付　复核　记账
出票人签章

中国工商银行
转账支票存根
NO.
附加信息

出票日期　年　月　日

收款人：
金额：
用途：

单位主管　会计

付款期限自出票之日起十天

中国工商银行转账支票

NO.

出票日期（大写）　年　月　日　付款行名称：
收款人：　出票人账号：

人民币（大写）	亿	千	百	十	万	千	百	十	元	角	分

用途________　密码________
上列款项请从　行号________
我账户内支付　复核　记账
出票人签章

中国工商银行
转账支票存根
NO.
附加信息

出票日期　年　月　日

收款人：
金额：
用途：

单位主管　会计

付款期限自出票之日起十天

中国工商银行转账支票

NO.

出票日期（大写）　年　月　日　付款行名称：
收款人：　出票人账号：

人民币（大写）	亿	千	百	十	万	千	百	十	元	角	分

用途________　密码________
上列款项请从　行号________
我账户内支付　复核　记账
出票人签章

中国工商银行
转账支票存根
NO.
附加信息

出票日期　年　月　日

收款人：
金额：
用途：

单位主管　会计

付款期限自出票之日起十天

中国工商银行转账支票

NO.

出票日期（大写）　年　月　日　付款行名称：

收款人：　出票人账号：

人民币（大写）	亿	千	百	十	万	千	百	十	元	角	分

用途＿＿＿＿＿　密码＿＿＿＿＿

上列款项请从　行号＿＿＿＿＿

我账户内支付　复核　记账

出票人签章

中国工商银行
转账支票存根
NO.
附加信息

出票日期　年　月　日

收款人：
金额：
用途：

单位主管　会计

付款期限自出票之日起十天

中国工商银行转账支票

NO.

出票日期（大写）　年　月　日　付款行名称：

收款人：　出票人账号：

人民币（大写）	亿	千	百	十	万	千	百	十	元	角	分

用途＿＿＿＿＿　密码＿＿＿＿＿

上列款项请从　行号＿＿＿＿＿

我账户内支付　复核　记账

出票人签章

中国工商银行
转账支票存根
NO.
附加信息

出票日期　　年　月　日

收款人：
金额：
用途：

单位主管　　会计

中国工商银行转账支票

NO.

出票日期（大写）　　年　月　日　付款行名称：
收款人：　　出票人账号：

人民币（大写）	亿	千	百	十	万	千	百	十	元	角	分

付款期限自出票之日起十天

用途　　　　密码
上列款项请从　　　　行号
我账户内支付　　　　复核　　记账
出票人签章

中国工商银行
转账支票存根
NO.
附加信息

出票日期　　年　月　日

收款人：
金额：
用途：

单位主管　　会计

中国工商银行转账支票

NO.

出票日期（大写）　　年　月　日　付款行名称：
收款人：　　出票人账号：

人民币（大写）	亿	千	百	十	万	千	百	十	元	角	分

付款期限自出票之日起十天

用途　　　　密码
上列款项请从　　　　行号
我账户内支付　　　　复核　　记账
出票人签章

中国工商银行
转账支票存根
NO.
附加信息

出票日期 年 月 日

收款人：	
金额：	
用途：	

单位主管 会计

付款期限自出票之日起十天

中国工商银行转账支票

NO.

出票日期（大写） 年 月 日 付款行名称：
收款人： 出票人账号：

人民币（大写）	亿	千	百	十	万	千	百	十	元	角	分

用途________ 密码________
上列款项请从 行号________
我账户内支付 复核 记账
出票人签章

商品入库单

供应单位： No.
发票号： 年 月 日 存放仓库：

商品名称	规格	计量单位	应收数量	实收数量	实际单价	实际成本	溢余（短缺）
合计：（大写）							

③财务联

验收： 采购： 制单： 保管：

商品入库单

供应单位：　　　　　　　　　　　　　　　　　　　　　　　　No.

发票号：　　　　　　　　　　年　月　日　　　　　　　　　　存放仓库：

商品名称	规格	计量单位	应收数量	实收数量	实际单价	实际成本	溢余（短缺）
合计：（大写）							

③财务联

验收：　　　　采购：　　　　制单：　　　　保管：

商品入库单

供应单位：　　　　　　　　　　　　　　　　　　　　　　　　No.

发票号：　　　　　　　　　　年　月　日　　　　　　　　　　存放仓库：

商品名称	规格	计量单位	应收数量	实收数量	实际单价	实际成本	溢余（短缺）
合计：（大写）							

③财务联

验收：　　　　采购：　　　　制单：　　　　保管：

商品入库单

供应单位：　　　　　　　　　　　　　　　　　　　　　　　　No.

发票号：　　　　　　　　　　年　月　日　　　　　　　　　　存放仓库：

商品名称	规格	计量单位	应收数量	实收数量	实际单价	实际成本	溢余（短缺）
合计：（大写）							

③财务联

验收：　　　　采购：　　　　制单：　　　　保管：

商品入库单

供应单位：　　　　　　　　　　　　　　　　　　　　　No.

发票号：　　　　　　　　　年　月　日　　　　　　　存放仓库：

商品名称	规格	计量单位	应收数量	实收数量	实际单价	实际成本	溢余（短缺）
合计：（大写）							

③财务联

验收：　　　采购：　　　制单：　　　保管：

商品入库单

供应单位：　　　　　　　　　　　　　　　　　　　　　No.

发票号：　　　　　　　　　年　月　日　　　　　　　存放仓库：

商品名称	规格	计量单位	应收数量	实收数量	实际单价	实际成本	溢余（短缺）
合计：（大写）							

③财务联

验收：　　　采购：　　　制单：　　　保管：

商品出库单

购货单位：　　　　　　　　　　　　　　　　　　　　　No.

发票号：　　　　　　　　　年　月　日　　　　　　　存放仓库：

货号	名称或规格	数量	计量单位	金额

①财务联

收货单位及经手人（盖章）：　　　　发货单位及经手人（盖章）：

商品出库单

购货单位：　　　　　　　　　　　　　　　　　　　　　　No.

发票号：　　　　　　　　　年　月　日　　　　　　　　存放仓库：

货号	名称或规格	数量	计量单位	金额

①财务联

收货单位及经手人（盖章）：　　　　　　　　发货单位及经手人（盖章）：

商品出库单

购货单位：　　　　　　　　　　　　　　　　　　　　　　No.

发票号：　　　　　　　　　年　月　日　　　　　　　　存放仓库：

货号	名称或规格	数量	计量单位	金额

①财务联

收货单位及经手人（盖章）：　　　　　　　　发货单位及经手人（盖章）：

商品出库单

购货单位：　　　　　　　　　　　　　　　　　　　　　　No.

发票号：　　　　　　　　　年　月　日　　　　　　　　存放仓库：

货号	名称或规格	数量	计量单位	金额

①财务联

收货单位及经手人（盖章）：　　　　　　　　发货单位及经手人（盖章）：

商品出库单

购货单位：　　　　　　　　　　　　　　　　　　　　　　No.
发票号：　　　　　　　　　年　月　日　　　　　　　　存放仓库：

货号	名称或规格	数量	计量单位	金额

①财务联

收货单位及经手人（盖章）：　　　　　　　　发货单位及经手人（盖章）：

销售商品成本结转单

商品名称	数量	单位成本	总成本
合计			

销售商品成本结转单

商品名称	数量	单位成本	总成本
合计			

领料单

年　月　日

材料名称	领料部门	领用数量	单位成本	总成本

发料员：　　　　　　　　　　　　　　　　　　领料人：

北京增值税专用发票

发票联

№ 003309×

开票日期：　年　月　日

<table>
<tr><td rowspan="4">购买方</td><td colspan="6">名　　　称：</td><td rowspan="4">密码区</td><td colspan="2" rowspan="4"></td></tr>
<tr><td colspan="6">纳税人识别号：</td></tr>
<tr><td colspan="6">地 址 、电 话：</td></tr>
<tr><td colspan="6">开户行及账号：</td></tr>
<tr><td colspan="2">货物或应税劳务、服务名称

合计</td><td>规格型号</td><td>单位</td><td>数量</td><td colspan="2">单价</td><td>金额</td><td>税率</td><td>税额</td></tr>
<tr><td colspan="2">价税合计（大写）</td><td colspan="8">（小写）¥</td></tr>
<tr><td rowspan="4">销售方</td><td colspan="6">名　　　称：</td><td rowspan="4">备注</td><td colspan="2" rowspan="4"></td></tr>
<tr><td colspan="6">纳税人识别号：</td></tr>
<tr><td colspan="6">地 址 、电 话：</td></tr>
<tr><td colspan="6">开户行及账号：</td></tr>
</table>

第三联：发票联　购买方记账凭证

收款人：　　　　复核：　　　　开票人：　　　　销售方：（章）

北京增值税专用发票

发票联

№ 003309×

开票日期： 年 月 日

购买方	名　　称： 纳税人识别号： 地址、电话： 开户行及账号：				密码区		
货物或应税劳务、服务名称	规格型号	单位	数量	单价	金额	税率	税额
合计							
价税合计（大写）					（小写）¥		
销售方	名　　称： 纳税人识别号： 地址、电话： 开户行及账号：				备注		

第三联：发票联　购买方记账凭证

收款人：　　　复核：　　　开票人：　　　销售方：（章）

北京增值税专用发票

发票联

№ 003309×

开票日期： 年 月 日

购买方	名　　称： 纳税人识别号： 地址、电话： 开户行及账号：				密码区		
货物或应税劳务、服务名称	规格型号	单位	数量	单价	金额	税率	税额
合计							
价税合计（大写）					（小写）¥		
销售方	名　　称： 纳税人识别号： 地址、电话： 开户行及账号：				备注		

第三联：发票联　购买方记账凭证

收款人：　　　复核：　　　开票人：　　　销售方：（章）

北京增值税专用发票

发票联

№ 003309×

开票日期：　年　月　日

<table>
<tr><td>购买方</td><td colspan="5">名　　称：
纳税人识别号：
地 址 、 电 话：
开户行及账号：</td><td>密码区</td><td colspan="3"></td></tr>
<tr><td colspan="2">货物或应税劳务、服务名称

合计</td><td>规格型号</td><td>单位</td><td>数量</td><td>单价</td><td>金额</td><td>税率</td><td>税额</td></tr>
<tr><td colspan="2">价税合计（大写）</td><td colspan="7">（小写）￥</td></tr>
<tr><td>销售方</td><td colspan="5">名　　称：
纳税人识别号：
地 址 、 电 话：
开户行及账号：</td><td>备注</td><td colspan="3"></td></tr>
</table>

第三联：发票联　购买方记账凭证

收款人：　　复核：　　开票人：　　销售方：（章）

北京增值税专用发票

发票联

№ 003309×

开票日期：　年　月　日

<table>
<tr><td>购买方</td><td colspan="5">名　　称：
纳税人识别号：
地 址 、 电 话：
开户行及账号：</td><td>密码区</td><td colspan="3"></td></tr>
<tr><td colspan="2">货物或应税劳务、服务名称

合计</td><td>规格型号</td><td>单位</td><td>数量</td><td>单价</td><td>金额</td><td>税率</td><td>税额</td></tr>
<tr><td colspan="2">价税合计（大写）</td><td colspan="7">（小写）￥</td></tr>
<tr><td>销售方</td><td colspan="5">名　　称：
纳税人识别号：
地 址 、 电 话：
开户行及账号：</td><td>备注</td><td colspan="3"></td></tr>
</table>

第三联：发票联　购买方记账凭证

收款人：　　复核：　　开票人：　　销售方：（章）

北京增值税专用发票
发票联

№ 003309×

开票日期：　年　月　日

购买方	名　　称： 纳税人识别号： 地 址 、电 话： 开户行及账号：					密码区		
货物或应税劳务、服务名称 合计	规格型号	单位	数量	单价	金额	税率	税额	
价税合计（大写）					（小写）￥			
销售方	名　　称： 纳税人识别号： 地 址 、电 话： 开户行及账号：					备注		

第三联：发票联　购买方记账凭证

收款人：　　复核：　　开票人：　　销售方：（章）

北京增值税专用发票
发票联

№ 003309×

开票日期：　年　月　日

购买方	名　　称： 纳税人识别号： 地 址 、电 话： 开户行及账号：					密码区		
货物或应税劳务、服务名称 合计	规格型号	单位	数量	单价	金额	税率	税额	
价税合计（大写）					（小写）￥			
销售方	名　　称： 纳税人识别号： 地 址 、电 话： 开户行及账号：					备注		

第三联：发票联　购买方记账凭证

收款人：　　复核：　　开票人：　　销售方：（章）

北京增值税专用发票
发票联

№ 003309×

开票日期：　　年　月　日

<table>
<tr><td>购买方</td><td colspan="5">名　　称：
纳税人识别号：
地 址 、电 话：
开户行及账号：</td><td>密码区</td><td colspan="2"></td></tr>
<tr><td colspan="2">货物或应税劳务、服务名称</td><td>规格型号</td><td>单位</td><td>数量</td><td>单价</td><td>金额</td><td>税率</td><td>税额</td></tr>
<tr><td colspan="2">合计</td><td></td><td></td><td></td><td></td><td></td><td></td><td></td></tr>
<tr><td colspan="2">价税合计（大写）</td><td colspan="7">（小写）¥</td></tr>
<tr><td>销售方</td><td colspan="5">名　　称：
纳税人识别号：
地 址 、电 话：
开户行及账号：</td><td>备注</td><td colspan="2"></td></tr>
</table>

第三联：发票联　购买方记账凭证

收款人：　　　　复核：　　　　开票人：　　　　销售方：（章）

第四部分　实训要求

1.根据外来原始凭证和相关资料填制自制原始凭证。

2.对部分原始凭证进行设计（固定资产调拨单、工薪分配汇总表等）。

3.根据原始凭证编制记账凭证。

4.根据相关凭证登记有关的明细账。

5.每半月编制科目汇总表，登记总账，并与所属明细账核对。

6.月末与银行对账单核对，并编制银行存款余额调节表。

7.编制该公司2018年上半年度会计报表（资产负债表、利润表）。

8.凭证、账簿统计说明。

（1）记账凭证：收款凭证12张、付款凭证25张、转账凭证62张，共计99张。

（2）总账59张。

（3）明细账33张。其中：日记账3张；三栏明细账17张；多栏明细账6张；应交增值税明细账1张；数量金额明细账6张。

第五部分　会计信息系统的应用

一、系统管理

（一）系统管理操作

1.系统管理员（admin）注册

先确定系统时间为“2018-06-01”，否则修改。

（1）进入“系统管理”

①双击桌面“系统管理”图标，如图5-1-1所示。

图5-1-1　进入系统管理

②进入系统，如图5-1-2所示。

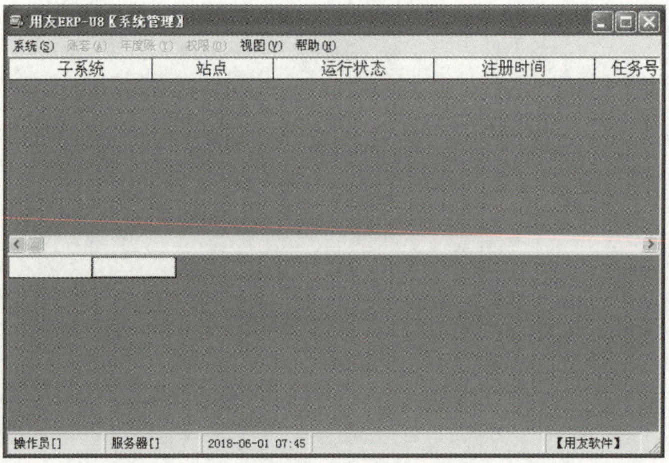

图5-1-2　进入系统

（2）操作员注册

①单击系统菜单，选“注册”，如图5-1-3所示。

②录入用户名“admin”，其他项默认，单击“确定”，如图5-1-4所示。

（3）注册成功

注册操作员（admin），注册时间（2018-06-01），如图5-1-5所示。

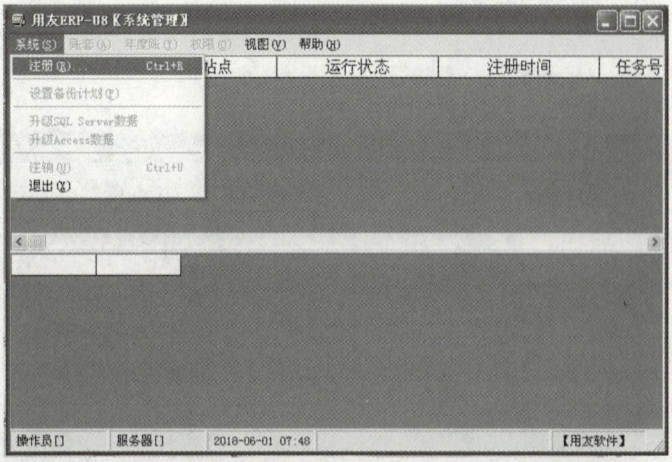

图 5-1-3　操作员注册

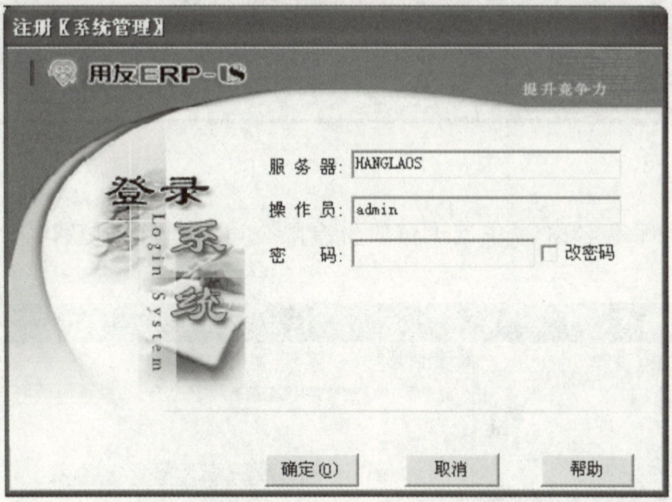

图 5-1-4　录入用户名

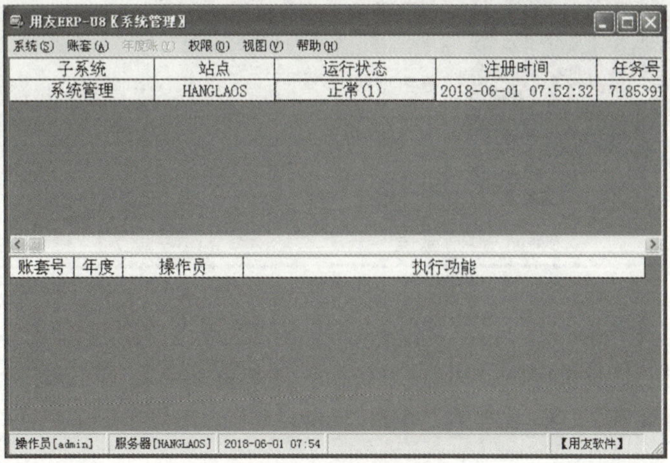

图 5-1-5　注册成功

2.根据资料创建账套

①建立账套。

单击账套菜单，选“建立”，如图5-1-6所示。

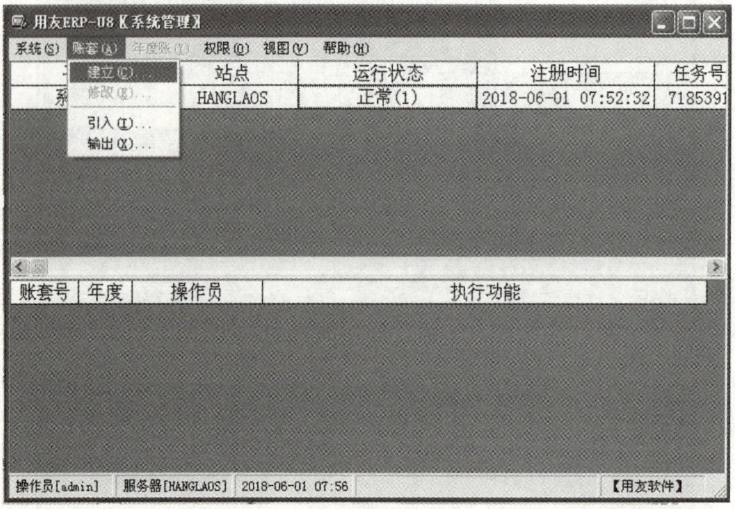

图5-1-6　建立账套

②录入账套信息。

账套号“101”；账套名称“华钢工贸股份有限公司”，其他项默认，单击“下一步”，如图5-1-7所示。

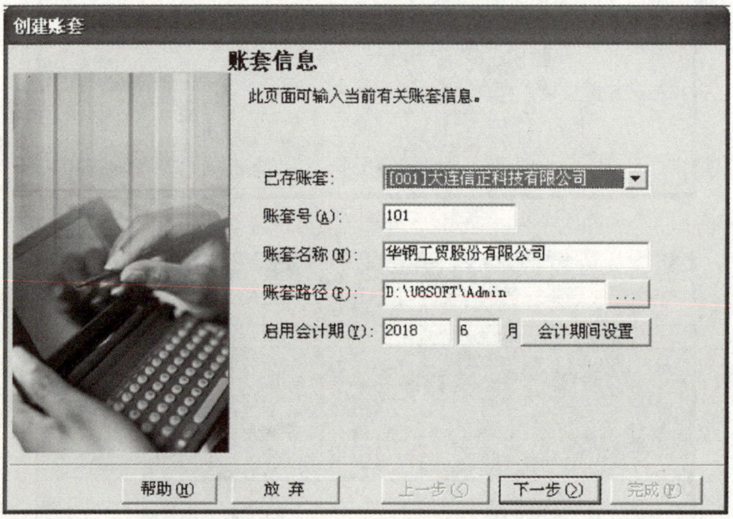

图5-1-7　录入账套信息

③录入单位信息。

单位名称“华钢工贸股份有限公司”；单位简称“华钢工贸”；单位地址“北京市复兴路100号”；法人代表“李维和”；联系电话“010-78905555”；其他项默认，单击“下一步”。单位信息如图5-1-8所示。

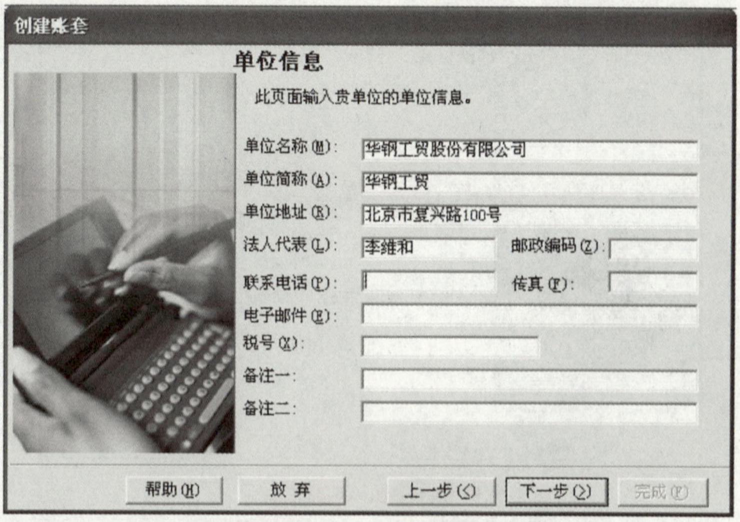

图5-1-8　单位信息

④核算类型。

企业类型“商业”，其他项默认，单击“下一步”。核算类型如图5-1-9所示。

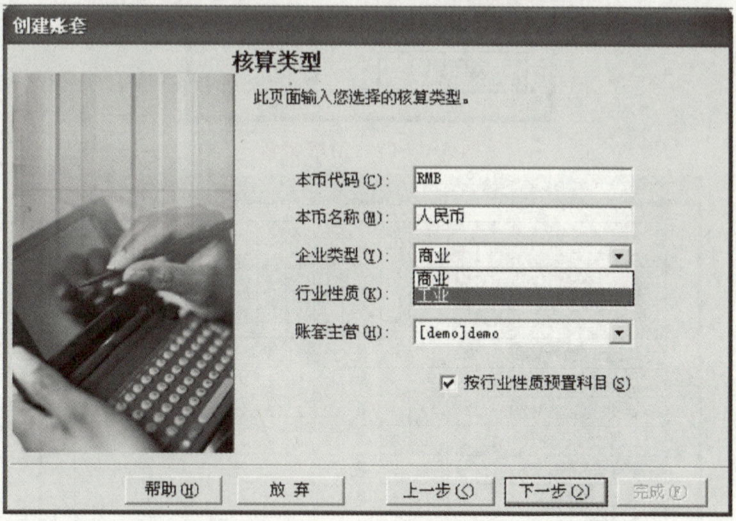

图5-1-9　核算类型

⑤基础信息。

勾选存货是否分类、客户是否分类、供应商是否分类、有无外币核算，单击“完成”。基础信息如图5-1-10所示。

⑥选择业务流程。

提示“可以创建账套了么?”，选择“是”，默认“标准流程”，单击“完成”。创建账套如图5-1-11所示。

⑦录入分类编码方案。

科目编码级次“4222”；客户编码级次“211”；部门编码级次“122”；供应商分类编码级次“211”；其他项默认，单击“确认”。分类编码方案如图5-1-12所示。

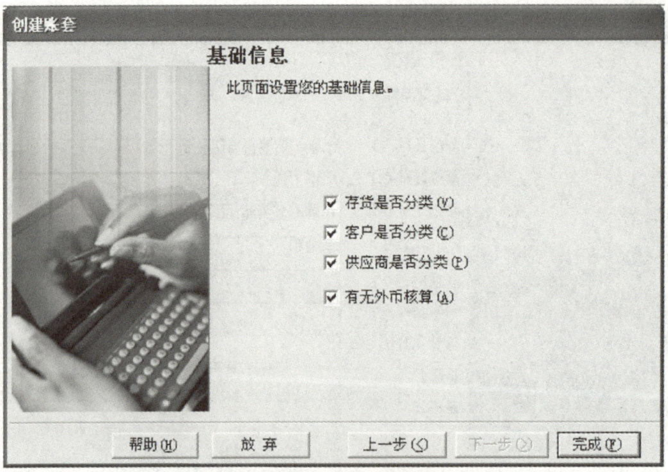

图5-1-10 基础信息

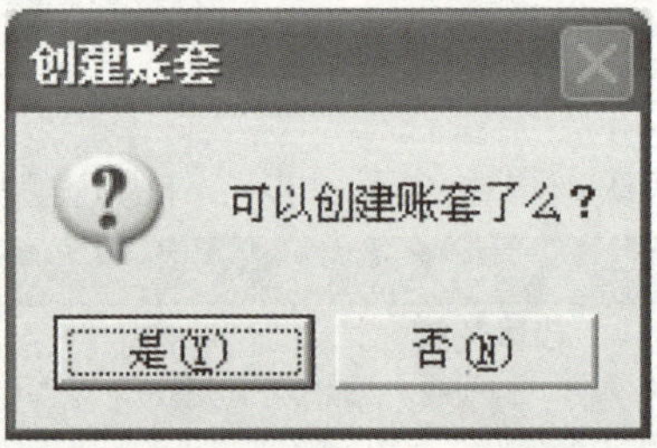

图5-1-11 创建账套

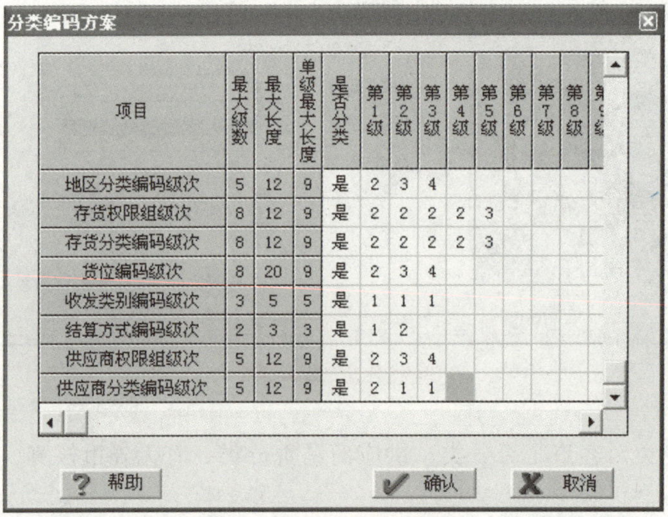

项目	最大级数	最大长度	单级最大长度	是否分类	第1级	第2级	第3级	第4级	第5级	第6级	第7级	第8级	第9级
地区分类编码级次	5	12	9	是	2	3	4						
存货权限组级次	8	12	9	是	2	2	2	2	3				
存货分类编码级次	8	12	9	是	2	2	2	2	3				
货位编码级次	8	20	9	是	2	3	4						
收发类别编码级次	3	5	5	是	1	1	1						
结算方式编码级次	2	3	3	是	1	2							
供应商权限组级次	5	12	9	是	2	3	4						
供应商分类编码级次	5	12	9	是	2	1	1						

图5-1-12 分类编码方案

⑧数据精度定义。

全部默认，如图5-1-13所示。选择“确认”；提示“华钢工贸股份有限公司：[101] 建立成功”，如图5-1-14所示，单击“是”；提示“是否立即启用账套?”，选择“是”。

⑨系统启用。

启用“总账”，启用会计期间“2018年6月”，如图5-1-15所示；提示“确实要启用当前系统吗?”，如图5-1-16所示，选择“是”。

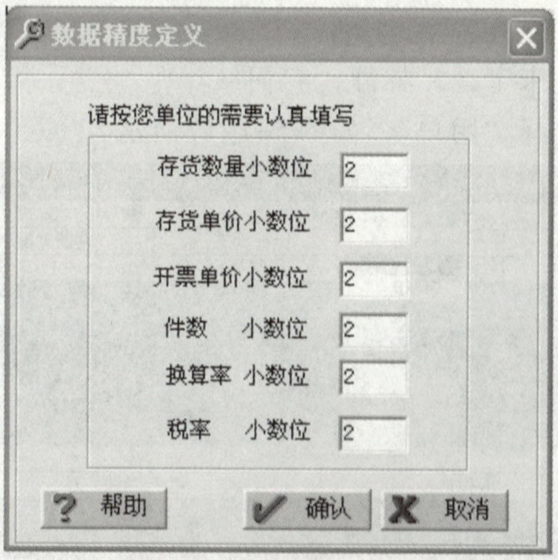

图 5-1-13　数据精度定义

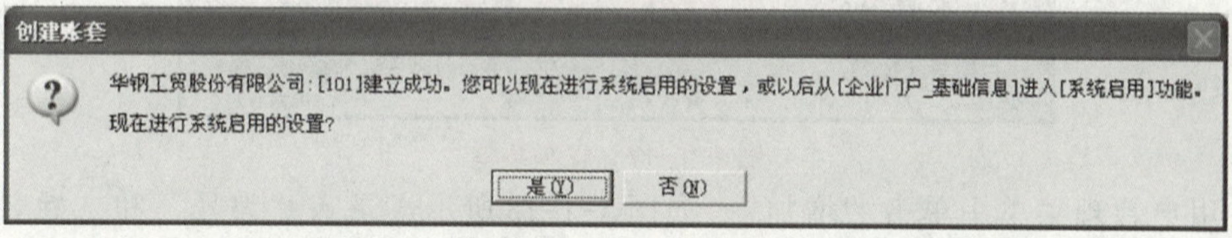

图 5-1-14　创建账套

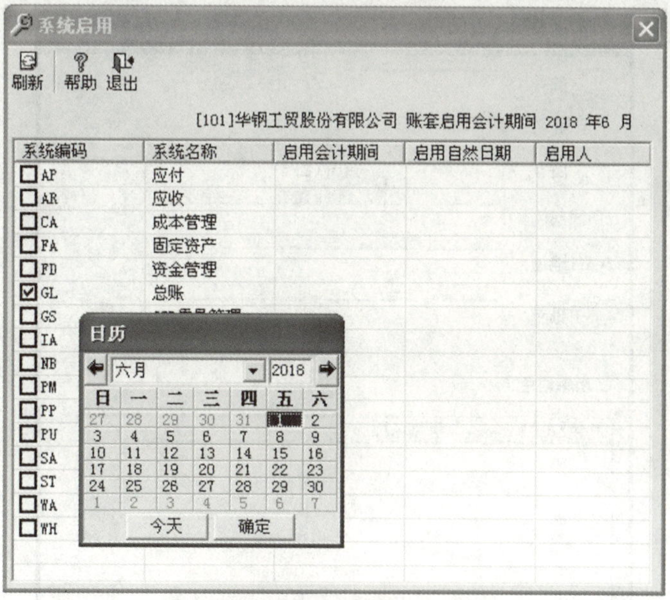

图 5-1-15　系统启用

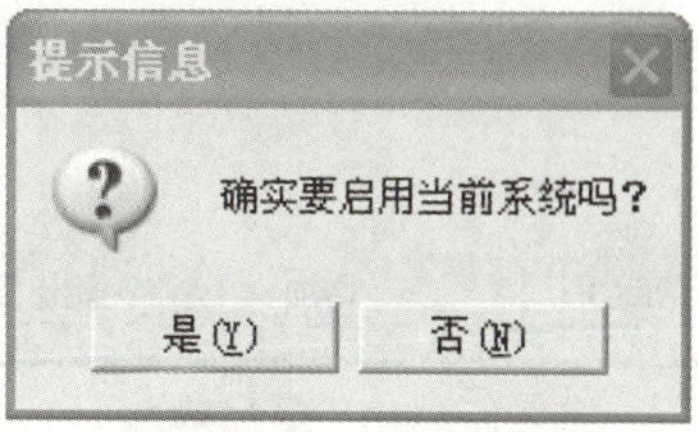

图 5-1-16　提示信息

3.增加操作员

会计人员：1 王大为，2 宋宁，3 林静，4 何红。

①单击“权限”菜单，选择“用户”，如图5-1-17所示。

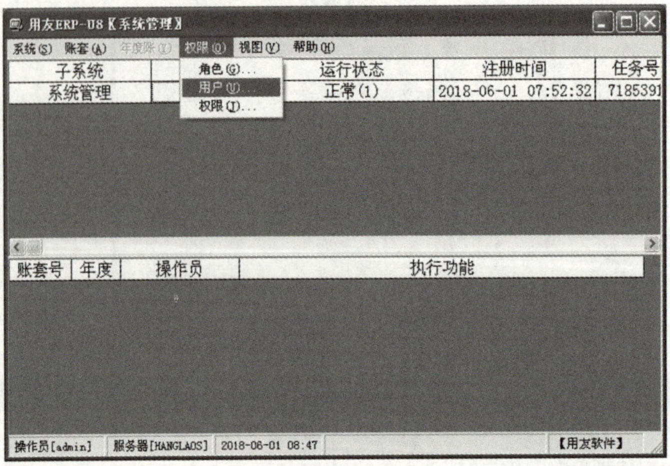

图5-1-17　权限菜单

②在用户管理菜单中单击“增加”，如图5-1-18所示。录入“编号”和“姓名”，单击“增加”。

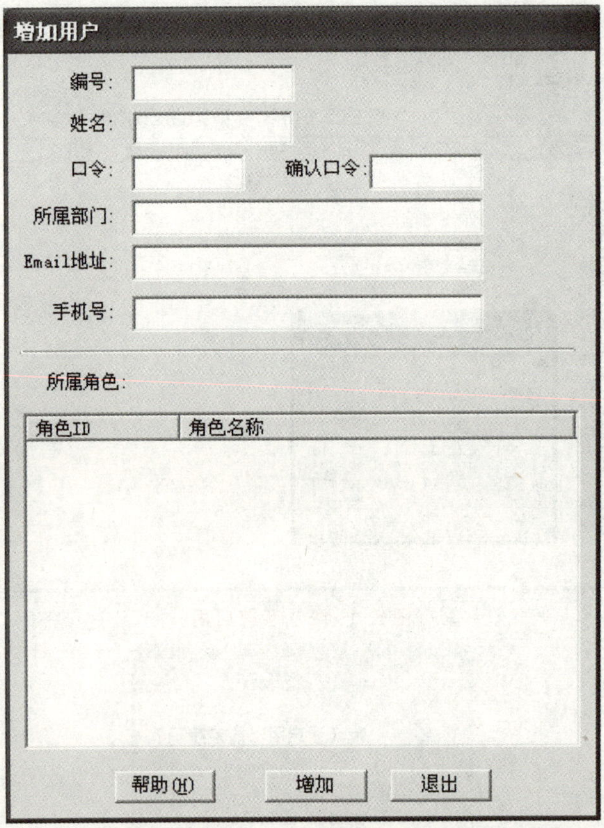

图5-1-18　增加用户

③依次录入“2 宋宁”“3 林静”“4 何红”。按回车键，选择“退出”。

④操作员增加完毕，单击“退出”,“用户管理”界面如图5-1-19所示。

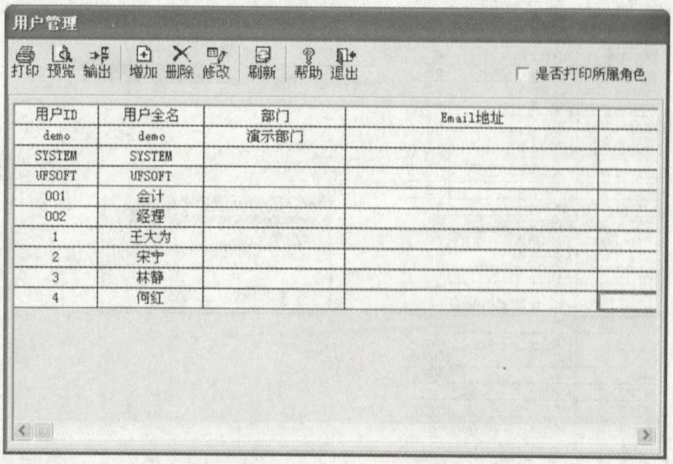

图5-1-19　用户管理

4.设置操作员权限

王大为为账套主管；宋宁负责“总账”和“固定资产”模块；林静负责工资、应收、应付、采购、销售、库存等业务；何红为出纳。

①单击“权限”菜单，选“权限”，如图5-1-20所示。

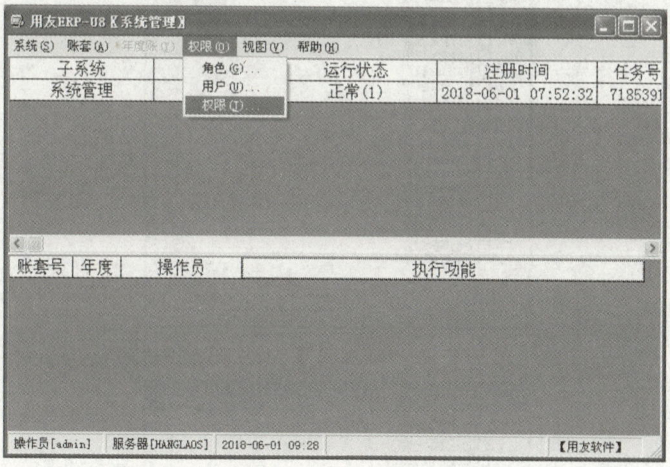

图5-1-20　权限菜单

②在操作员权限中选“1 王大为”；在右上方确认账套“［101］华钢工贸股份有限公司”和年度“2018”后，在账套主管前单击选中；提示“设置用户：［1］账套主管权限吗?”，选择“是”。权限设置完毕，如图5-1-21所示。

③在操作员权限中选“2 宋宁”，在菜单栏中选择“修改”；选择“总账”，单击“确定”，“2 宋宁”权限设置完毕，如图5-1-22所示，单击“确定”。

④设置“3 林静”的工资、应收、应付、采购、销售和库存的权限，原理同上，如图5-1-23所示。

⑤在操作员权限中选择“4 何红”，在菜单栏中选择“修改”；在左侧单击“总账”，选择“出纳签字”，再双击选择“出纳”，如图5-1-24所示，单击“确定”后退出。

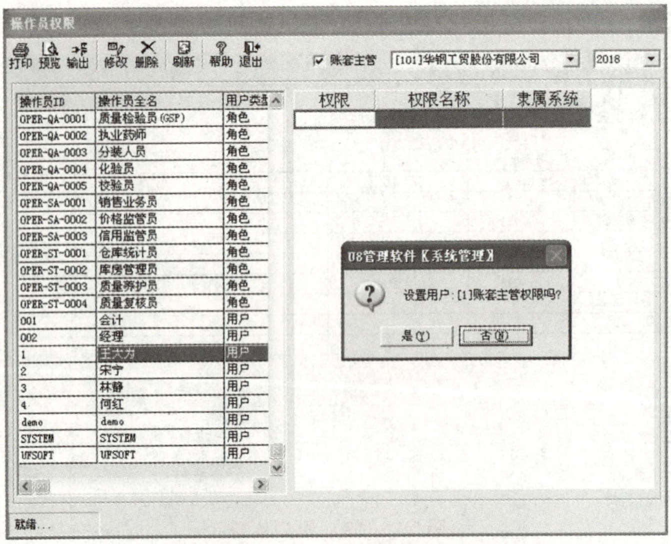

图 5-1-21 设置账套主管

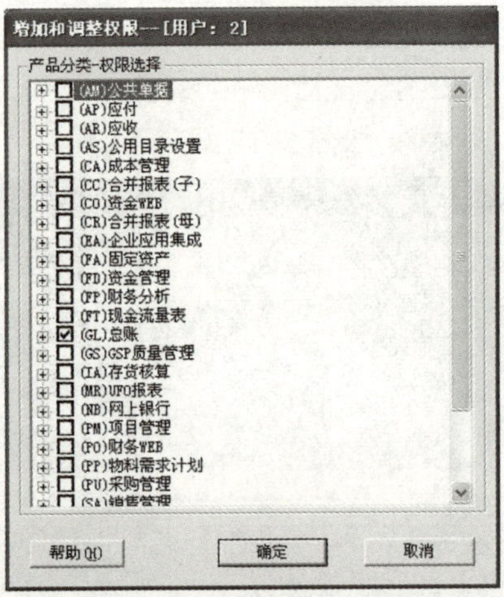

图 5-1-22 增加权限-[用户:2]

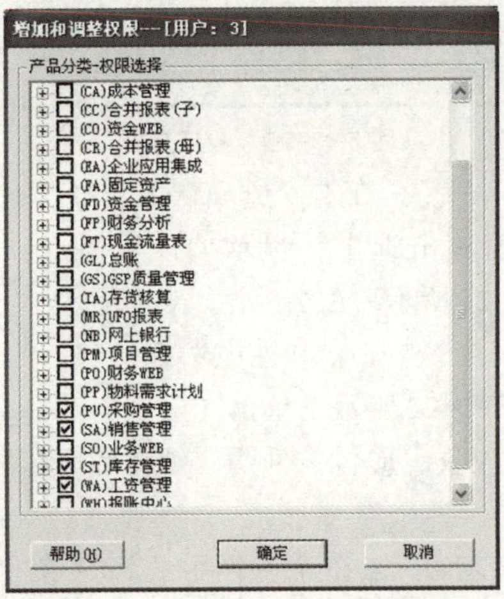

图 5-1-23 增加权限-[用户:3]

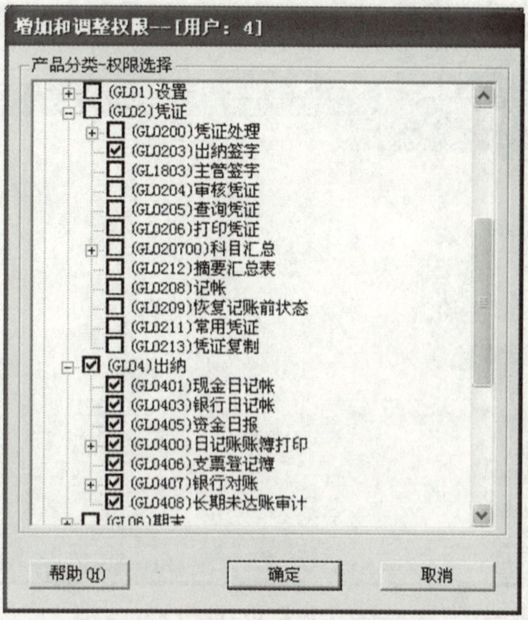

图 5-1-24　增加权限-［用户：4］

二、初始设置

（一）2018年6月份期初科目余额（见第一部分）

（二）初始设置操作

1.进入“总账”

双击桌面图标“总账”（如图5-2-1所示），进入“总账”，用户名“1”，账套“［101］华钢工贸股份有限公司”，操作时间“2018-06-01”，单击“确定”，如图5-2-2所示。

图 5-2-1　“总账”图标

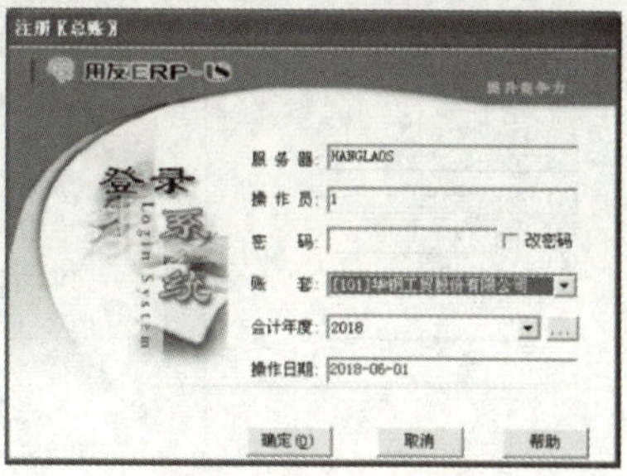

图 5-2-2　进入总账

2.部门档案

主要部门包括总裁办公室、经营发展部、国际业务部、投资管理部、资产财务部、人力资源部、党政其他部门。

①选择“设置”，进入“编码档案”，单击进入“部门档案”，如图5-2-3所示。

②录入部门编码“1”，部门名称“总裁办公室”，单击“保存”。

③录入部门编码“2”，部门名称“经营发展部”，单击“保存”。

④录入部门编码“3”，部门名称“国际业务部”，单击“保存”。

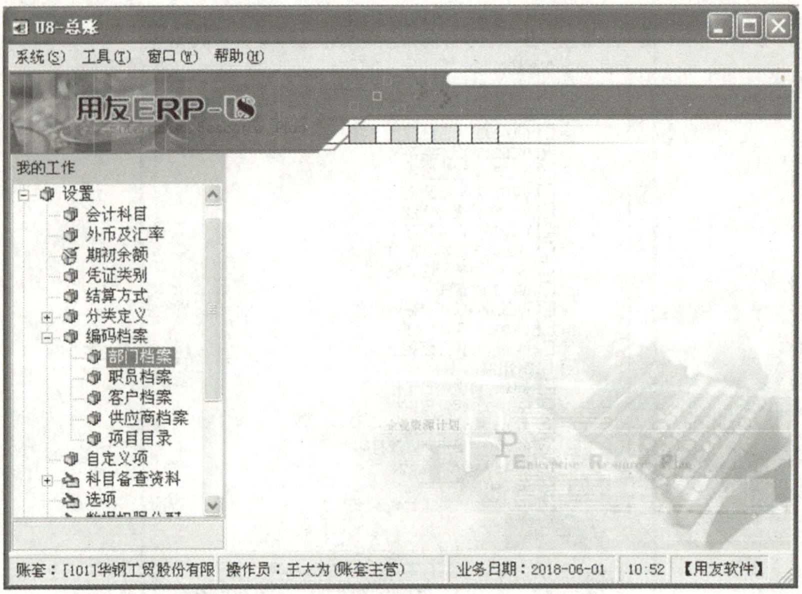

图 5-2-3　设置

⑤录入部门编码“4”，部门名称“投资管理部”，单击“保存”。

⑥录入部门编码“5”，部门名称“资产财务部”，单击“保存”。

⑦录入部门编码“6”，部门名称“人力资源部”，单击“保存”。

⑧录入部门编码“7”，部门名称“党政其他部门”，单击“保存”。

“部门档案”界面如图 5-2-4 所示。

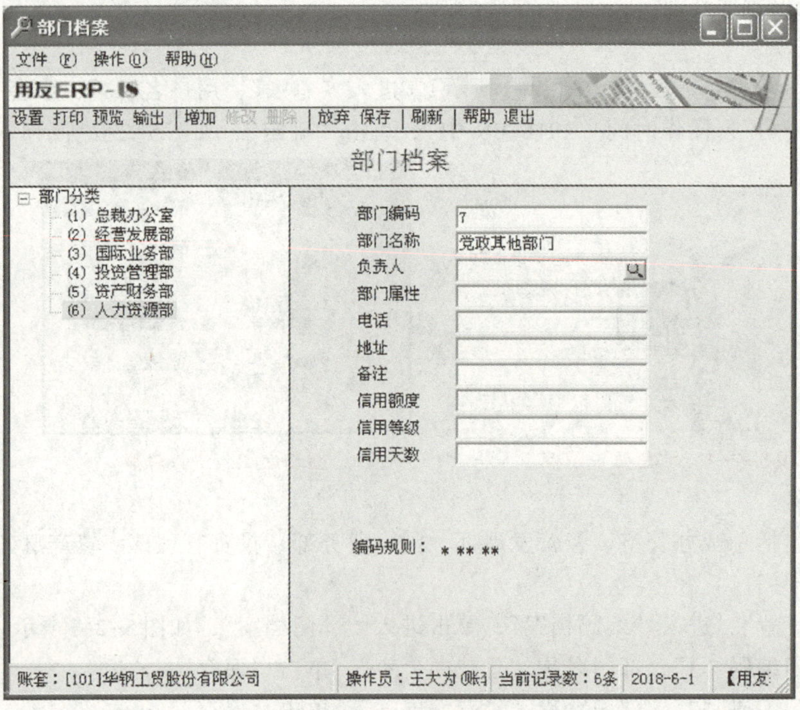

图 5-2-4　部门档案

3.职员档案

职员包括：李维和、王大为、宋宁、林静、何红、刘民江、吴虹南。

①单击菜单“设置”，选择“编码档案”，单击进入“职员档案”，如图5-2-5所示。

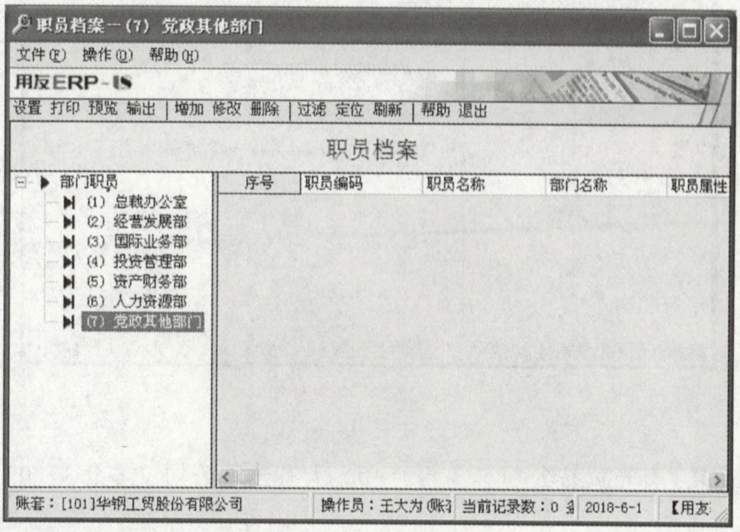

图5-2-5 进入“职员档案”

②录入职员编码“1”，职员名称“李维和”（法人代表），选择“总裁办公室”，保存；同理录入王大为、宋宁、林静、何红（资产财务部）；刘民江、吴虹南（经营发展部），保存后退出。增加职员档案如图5-2-6所示。

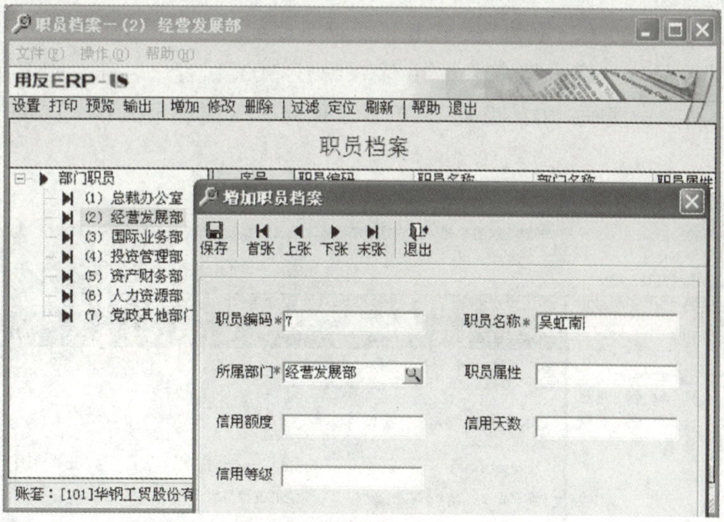

图5-2-6 增加职员档案

4.客户分类

客户分类包括01 批发、02 零售。

①单击菜单“设置”，选择“分类定义”，单击进入“客户分类”。

②单击“增加”，录入类别编码“01”，类别名称“批发”，单击“保存”。

③单击“增加”，录入类别编码“02”，类别名称“零售”，单击“保存”，单击“退出”。客户分类如图5-2-7所示。

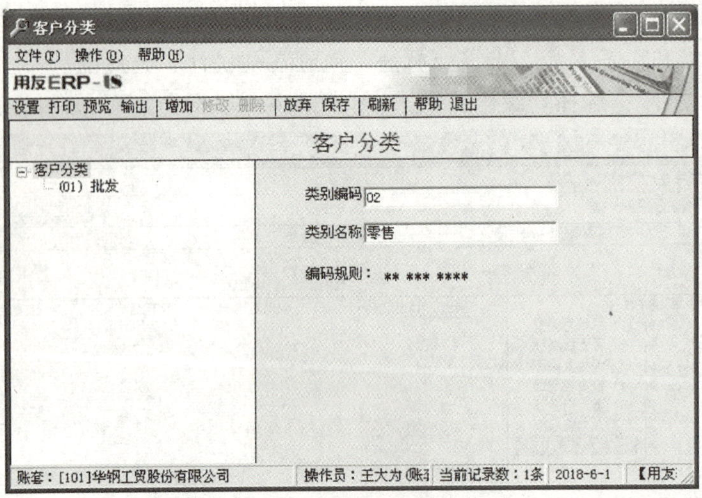

图 5-2-7 客户分类

5.客户档案

客户档案包括01 宏光贸易公司（零售）、02 大有建筑公司（零售）、03 明天矿山机械厂（批发）等。

①单击菜单“设置”，选择“编码档案”，单击进入“客户档案”。

②单击“增加”，录入“客户档案卡片”：客户编号“01”；客户名称“宏光贸易公司”；客户简称“宏光”；所属分类码“02 零售”。单击“保存”。

③单击“增加”，录入“客户档案卡片”：客户编号“02”；客户名称“大有建筑公司”；客户简称“大有”；所属分类码“02 零售”。单击“保存”。

④单击“增加”，录入“客户档案卡片”：客户编号“03”；客户名称“明天矿山机械厂”；客户简称“明天矿山”；所属分类码“01 批发”。单击“保存”。（同理录入04 上海闽行物资有限公司；05 大华钢铁公司）

客户档案如图5-2-8所示。

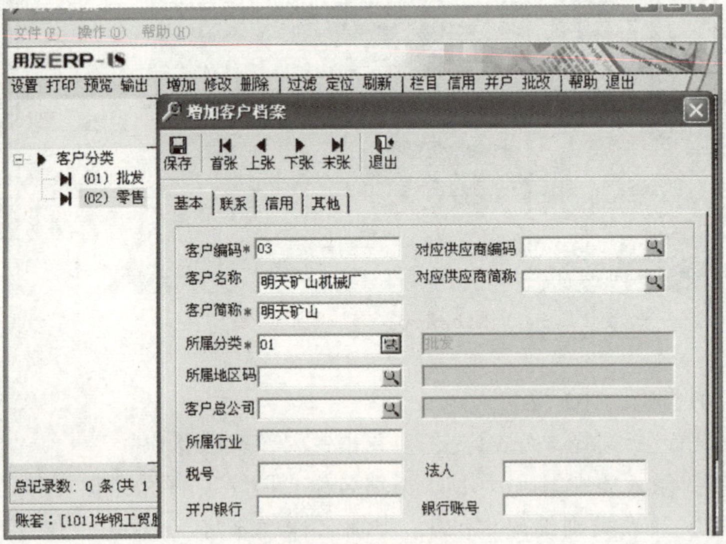

图 5-2-8 客户档案

6. 供应商分类

供应商分类包括01 原料供应商、02 成品供应商。

①单击菜单“设置”，选择“分类定义”，单击进入“供应商分类”。单击“增加”，录入类别编码“01”；类别名称“原料供应商”，单击“保存”。

②单击“增加”，录入类别编码“02”；类别名称“成品供应商”，单击“保存”。供应商分类如图5-2-9所示。

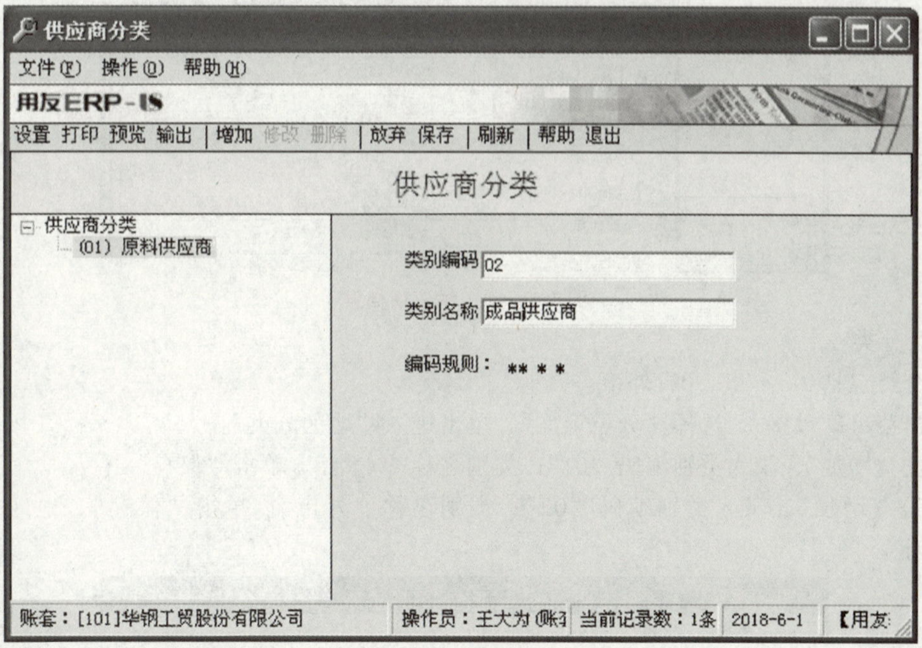

图5-2-9 供应商分类

7. 供应商档案

供应商档案包括01 宝山钢铁集团（成品）、02 鞍山钢铁集团（成品）、03 包头钢铁公司（原料）、04 大华钢铁公司（原料）。

①单击菜单“设置”，选择“编码档案”，单击进入“供应商档案”。单击“增加”，录入“供应商档案卡片”。

②供应商编码“01”；供应商名称“宝山钢铁集团”；供应商简称“宝钢”；所属分类码“02”。单击“保存”。

③供应商编码“02”；供应商名称“鞍山钢铁集团”；供应商简称“鞍钢”；所属分类码“02”。单击“保存”。

④供应商编码“03”；供应商名称“包头钢铁公司”；供应商简称“包钢”；所属分类码“01”。单击“保存”。

⑤供应商编码“04”；供应商名称“大华钢铁公司”；供应商简称“大钢”；所属分类码“01”。单击“保存”。供应商档案如图5-2-10所示。

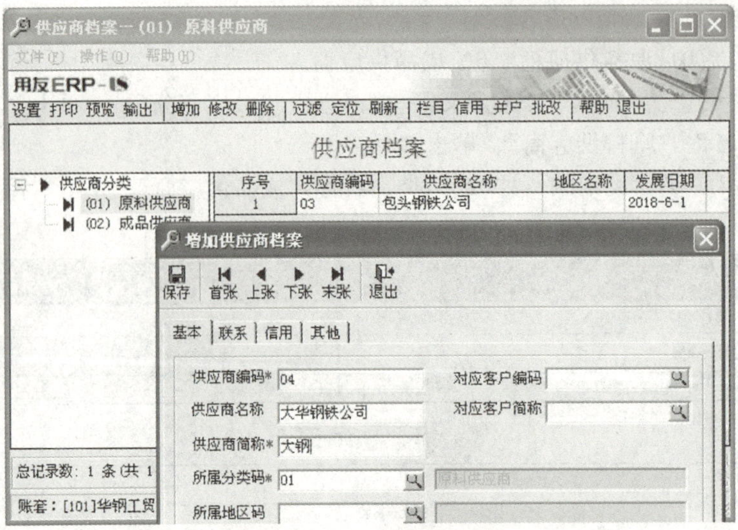

图5-2-10　供应商档案

8.地区分类

地区分类包括01 本市、02 外市。

①单击菜单“设置”，选择“分类定义”，单击进入“地区分类”。

②单击“增加”，录入类别编码“01”；类别名称“本市”。单击“保存”。

③单击“增加”，录入类别编码“02”；类别名称“外市”。单击“保存”。地区分类如图5-2-11所示。

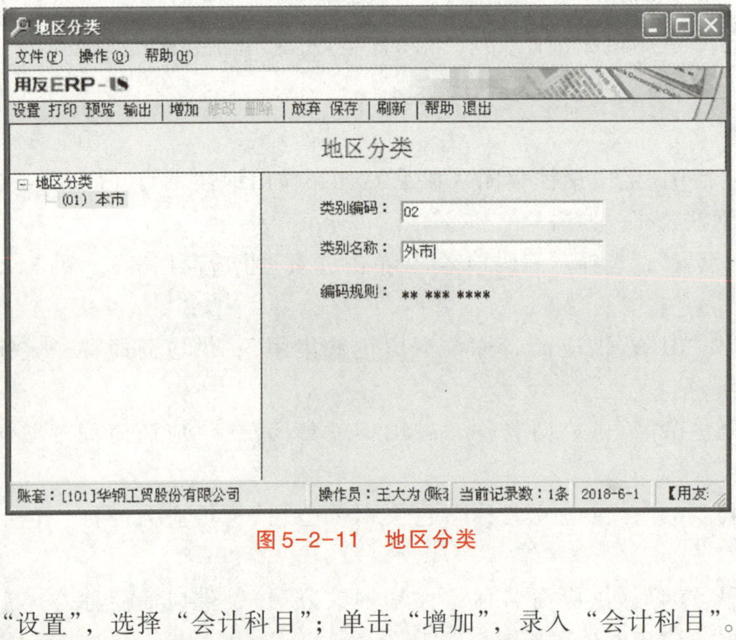

图5-2-11　地区分类

9.会计科目

①单击菜单“设置”，选择“会计科目”；单击“增加”，录入“会计科目”。

②录入“1002 银行存款”的明细科目：“100201 人民币户”“100202 美元户”“100203 汇兑损益”。会计科目如图5-2-12所示。

10.设置“凭证类别”

①单击菜单“设置”，单击进入“凭证类别”；选择“收款凭证 付款凭证 转账凭证”。

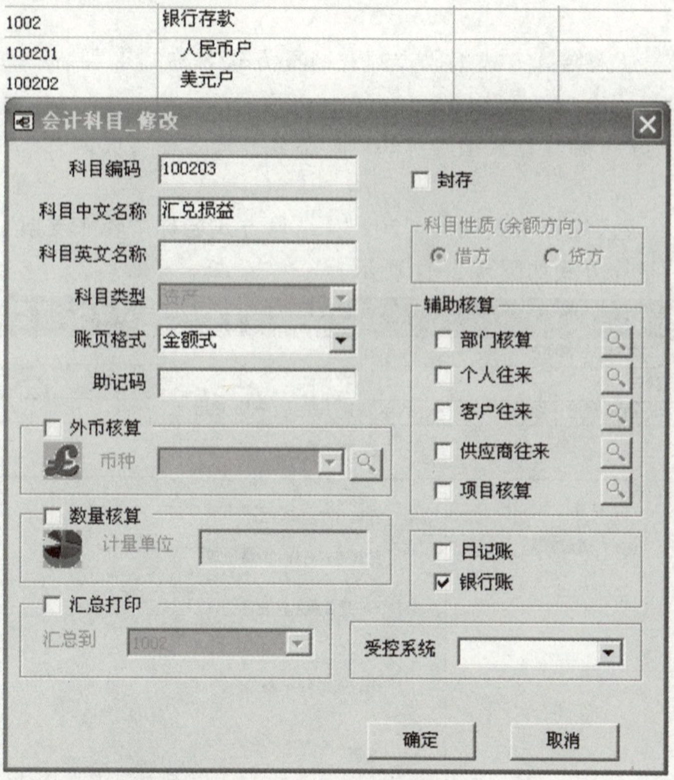

图 5-2-12　会计科目

②设置“收款凭证”，双击限制类型“借方必有”，双击限制科目，选择资产中“1001、1002”。

③设置“付款凭证”，双击限制类型“贷方必有”，双击限制科目，选择资产中“1001、1002”。

④设置“转账凭证”，双击限制类型“凭证必无”，双击限制科目，选择资产中“1001、1002”。单击“退出”。凭证类别如图 5-2-13 所示。

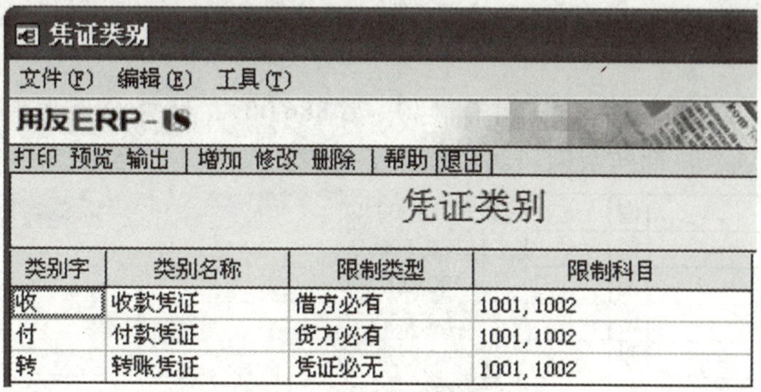

图 5-2-13　凭证类别

11.设置“结算方式”

结算方式包括 1 现金结算、2 支票结算、201 现金支票、202 转账支票。

①单击菜单“设置”，选择“结算方式”。

②单击“增加”，录入结算方式编码“1”；结算方式名称“现金结算”；选择“是否票据管

理”。单击“保存”。

③单击“增加”，录入结算方式编码“2”；结算方式名称“支票结算”；选择“是否票据管理”。单击“保存”。

④单击“增加”，录入结算方式编码“201”；结算方式名称“现金支票”；选择“是否票据管理”。单击“保存”。

⑤单击“增加”，录入结算方式编码“202”；结算方式名称“转账支票”；选择“是否票据管理”。单击“保存”。结算方式如图5-2-14所示。

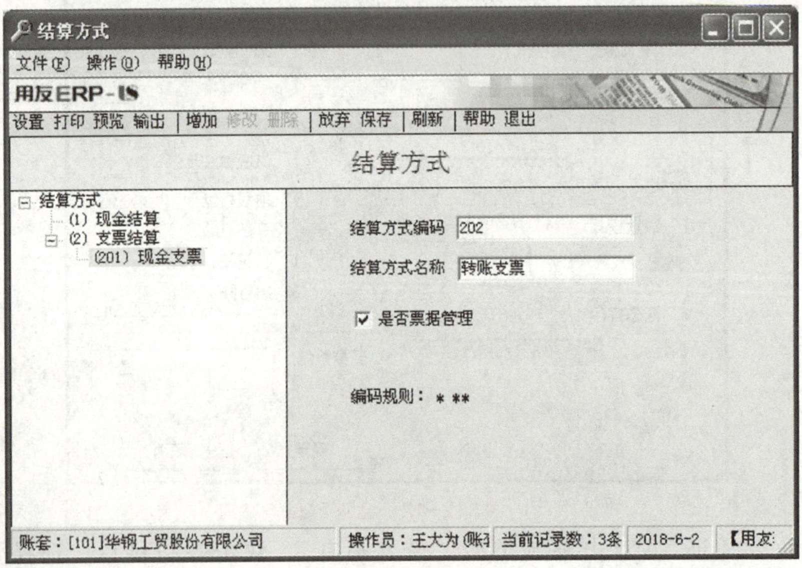

图5-2-14　结算方式

12.录入期初余额

①单击“总账”，选择“设置”，单击“期初余额”；进行“期初余额录入”。

②根据期初余额表逐项录入“期初余额”，白色底直接录入，粉色底录入末级，绿色底双击进入录入，日期应为2018.5.31之前；双击客户进入选择；双击摘要进入，单击编辑录入编码“01”，正文“销售”，助记码为默认，相关科目可省略；单击退出（如果中途退出按Esc键）。

录入完毕单击“试算”，借和贷相等（40 675 386.00），试算结果平衡，单击“确认”“退出”，退出期初余额录入。期初余额和期初试算平衡表如图5-2-15至图5-2-17所示。

库存商品	借	11,932,000.00			11,932,000.00
20M中厚板	借	1,160,000.00			1,160,000.00
40M中厚板	借	450,000.00			450,000.00
3M花纹板	借	322,000.00			322,000.00
角钢	借	3,840,000.00			3,840,000.00
圆钢	借	6,020,000.00			6,020,000.00
螺纹钢	借	140,000.00			140,000.00

图5-2-15　期初余额（1）

期初余额

期初：2018年06月

□末级科目□非末级科目 □辅

科目名称	方向	币别/计量	年初余额	累计借方	累计贷方	期初余额
基本生产成本	借					
辅助生产成本	借					
制造费用	借					
劳务成本	借					
主营业务收入	贷			25,531,062.00	25,531,062.00	
其他业务收入	贷			156,000.00	156,000.00	
投资收益	贷			3,568,000.00	3,568,000.00	
补贴收入	贷					
营业外收入	贷			67,089.00	67,089.00	
主营业务成本	借			9,560,000.00	9,560,000.00	
税金及附加	借			651,380.00	651,380.00	
其他业务成本	借			29,800.00	29,800.00	
销售费用	借			2,637,900.00	2,637,900.00	
管理费用	借			2,282,568.00	2,282,568.00	
财务费用	借			34,780.00	34,780.00	
营业外支出	借			55,723.00	55,723.00	
所得税	借					
以前年度损益调整	借					

图 5-2-16　期初余额（2）

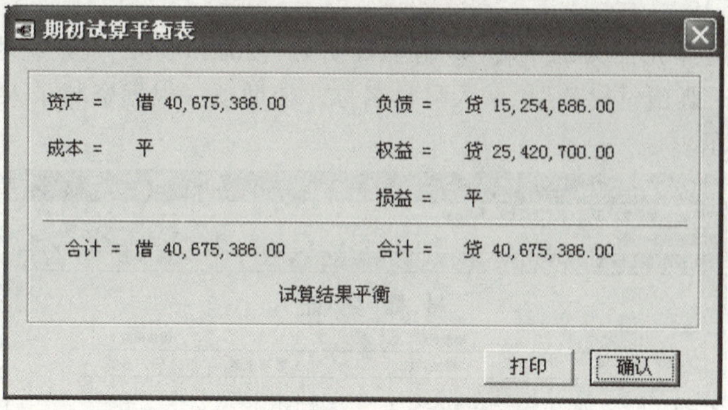

图 5-2-17　期初试算平衡表

三、账务处理

（一）填制会计凭证

更换操作员“2”：单击“文件”，选择“重新注册”，用户名“2”，选择［101］账套，操作时间“2018.06.30”。单击“确定”。

选择“凭证”，单击“填制凭证”，进入填制凭证界面。

（1）业务 1

①单击“增加”，选择凭证类别“付”；制单日期“2018.06.01”；摘要“预付货款”。

②双击科目名称，单击“查找符号”，进入科目参照，双击“资产”中“预付账款”下的

"宝山钢铁集团"。

③录入金额前出现"辅助项",双击"供应商",双击选择"宝山钢铁集团",双击选择"刘民江";票号无,发生日期"2018.06.01",单击"确定"。

④录入金额,借方金额"32 760",同理录入科目名称"银行存款/人民币户",辅助项默认,在贷方金额按"=",金额自动默认为借方金额,单击"保存",提示"凭证已成功保存",单击"确定"。付款凭证如图5-3-1所示。

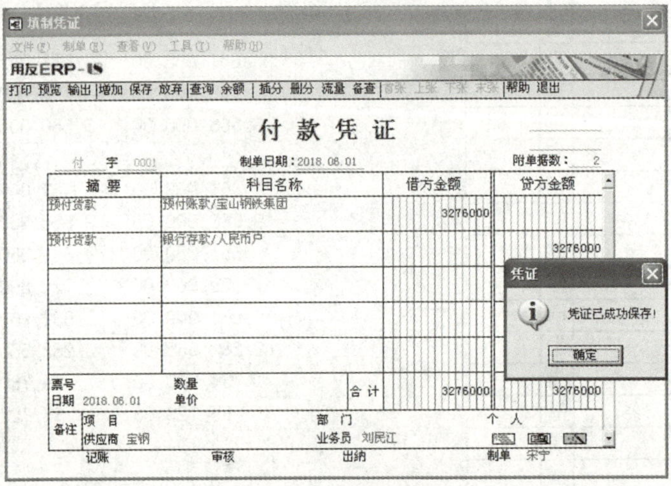

图5-3-1 付款凭证

(2)业务2

单击"增加",选择凭证类别"转";制单日期为"2018.06.02"(系统时间应在制单日期之后);摘要"以商业汇票预付货款",录入科目名称、辅助项(根据资料录入)、借贷方金额。转账凭证如图5-3-2所示。

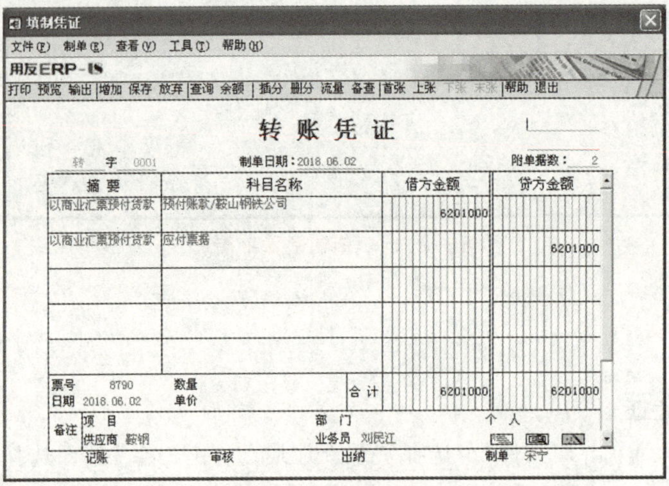

图5-3-2 转账凭证

(3)业务3

单击"增加",选择凭证类别"收";制单日期为"2018.06.03";摘要"预收货款",录入科目名称、辅助项、借贷方金额。收款凭证如图5-3-3所示。

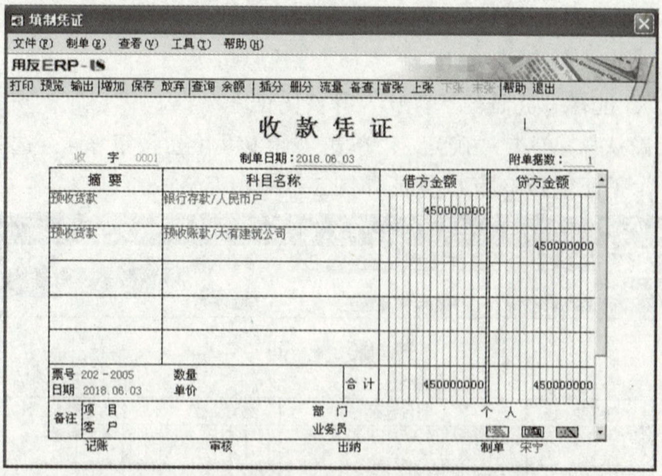

图 5-3-3　收款凭证

（4）业务 54

同理录入，转账凭证如图 5-3-4 和图 5-3-5 所示。

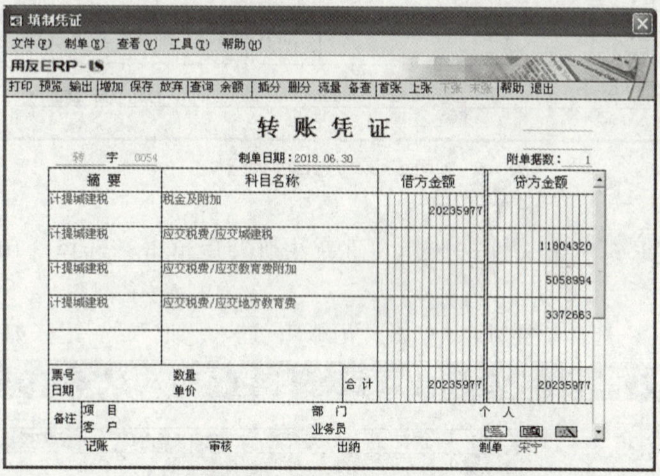

图 5-3-4　转账凭证（1）

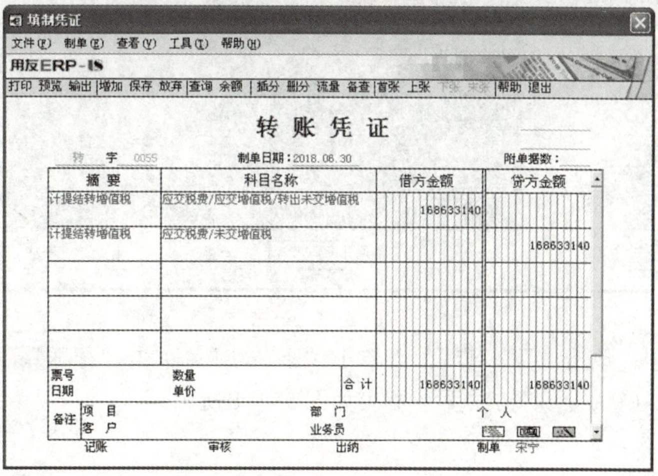

图 5-3-5　转账凭证（2）

（二）审核凭证

（1）更换操作员“1”。

（2）单击“总账”，选择“凭证”，单击“审核凭证”。

（3）凭证审核“确认”，单击“确定”；单击“审核”（逐张审核）；选择“成批审核凭证”；单击“确定”；“退出”凭证审核。审核凭证如图5-3-6所示。

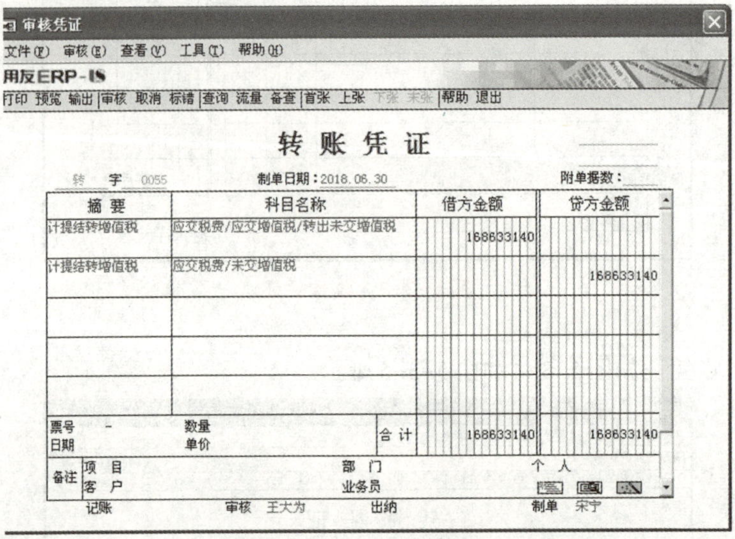

图5-3-6 审核凭证

（三）记账

1.更换操作员“2”；单击文件，选择“重新注册”后单击；选择［101］账套，操作日期“2018.06.30”。

（1）单击“总账”，选择“凭证”，单击“记账”；进入“记账”。记账如图5-3-7所示。

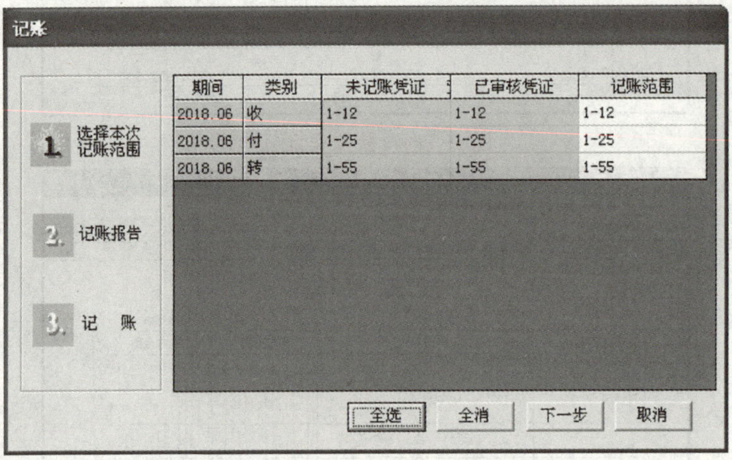

图5-3-7 记账

（2）单击“全选”；单击“下一步”，再单击“下一步”；单击“记账”；期初试算平衡表“试算结果平衡”，单击“确认”。期初试算平衡表如图5-3-8所示。

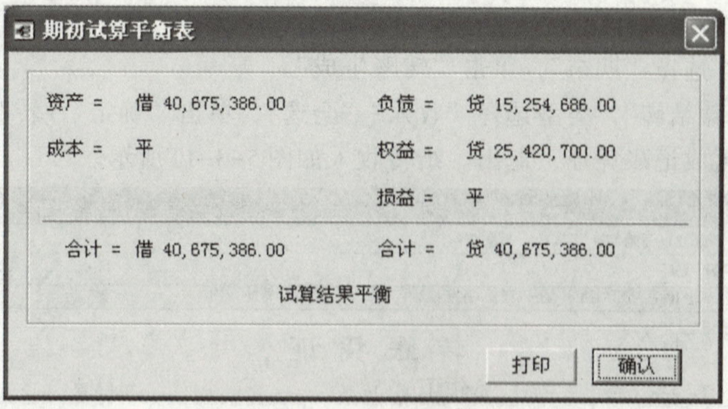

图 5-3-8 期初试算平衡表

（3）系统自动开始“记账”，提示“记账完毕”，单击“确定”。提示信息如图 5-3-9 所示。

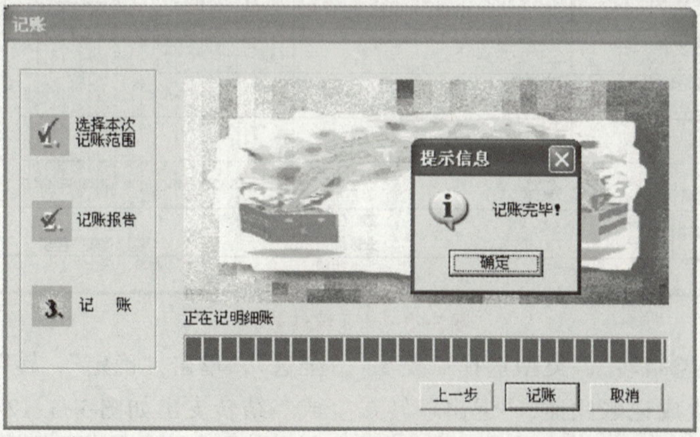

图 5-3-9 提示信息

（四）期末处理（以 2 号操作员“宋宁”身份登录）

（1）期间损益结转。

①单击“总账”，选择“期末”，选择“转账定义”，单击“期间损益”。

②凭证类别选择“转账凭证”，选择本年利润科目“3131”（本年利润），单击“确定”。期间损益结转设置如图 5-3-10 所示。

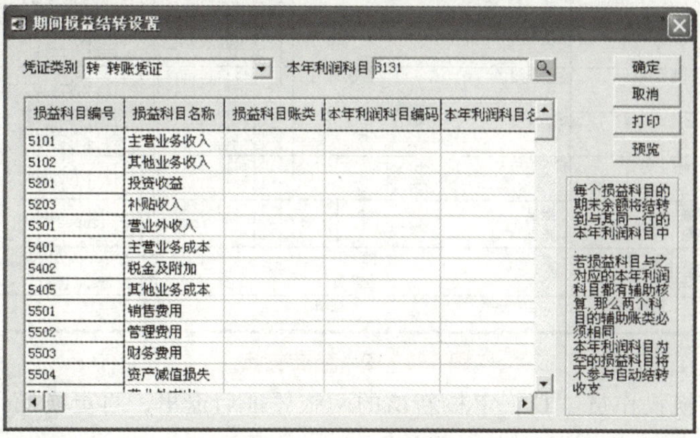

图 5-3-10 期间损益结转

(2）期间损益结转生成。

①单击“总账”，选择“期末”，单击“转账生成”。

②选择“期间损益结转”，类型选择“收入”“全选”，单击“确定”，转账生成结转凭证，单击“保存”，出现已生成记账凭证，退出。结转收入如图5-3-11所示。

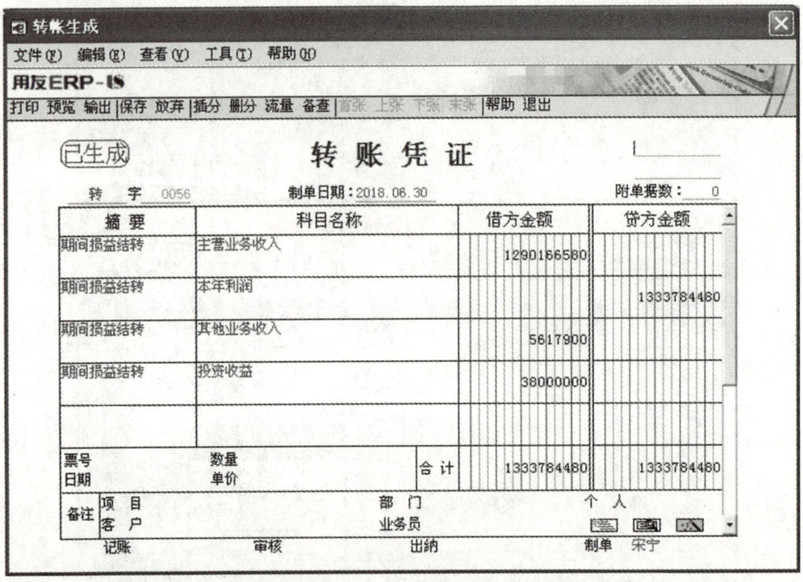

转帐生成

文件(F) 编辑(E) 查看(V) 工具(T) 帮助(H)

用友ERP-U8

打印 预览 输出 保存 放弃 插分 删分 流量 备查 首张 上张 下张 末张 帮助 退出

已生成

转 账 凭 证

转 字 0056 制单日期：2018.06.30 附单据数： 0

摘 要	科目名称	借方金额	贷方金额
期间损益结转	主营业务收入	1290166580	
期间损益结转	本年利润		1333784480
期间损益结转	其他业务收入	5617900	
期间损益结转	投资收益	38000000	
票号 日期	数量 单价 合 计	1333784480	1333784480

备注 项 目 部 门 个 人

客 户 业务员

记账 审核 出纳 制单 宋宁

图5-3-11 结转收入

③选择“期间损益结转”，类型选择“支出”“全选”，单击“确定”，转账生成结转凭证，单击“保存”，出现已生成记账凭证，“退出”转账生成。结转支出如图5-3-12所示。

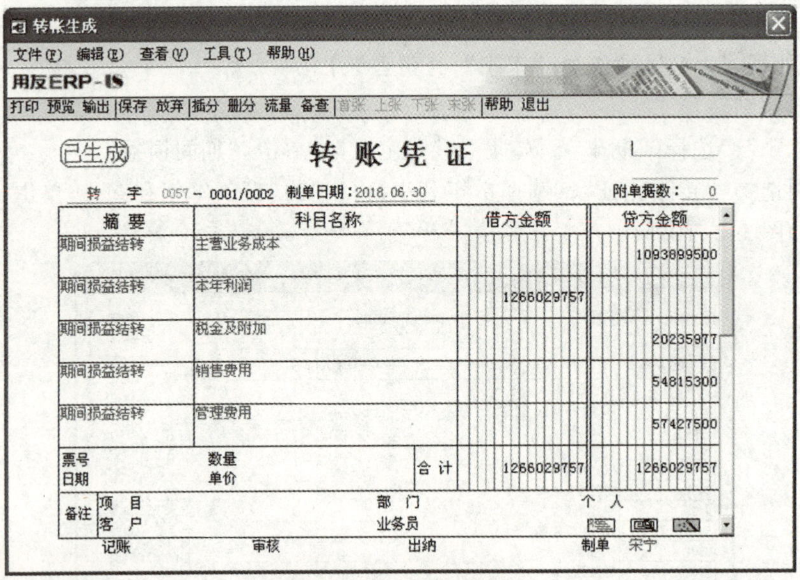

转帐生成

文件(F) 编辑(E) 查看(V) 工具(T) 帮助(H)

用友ERP-U8

打印 预览 输出 保存 放弃 插分 删分 流量 备查 首张 上张 下张 末张 帮助 退出

已生成

转 账 凭 证

转 字 0057 - 0001/0002 制单日期：2018.06.30 附单据数： 0

摘 要	科目名称	借方金额	贷方金额
期间损益结转	主营业务成本		1093899500
期间损益结转	本年利润	1266029757	
期间损益结转	税金及附加		20235977
期间损益结转	销售费用		54815300
期间损益结转	管理费用		57427500
票号 日期	数量 单价 合 计	1266029757	1266029757

备注 项 目 部 门 个 人

客 户 业务员

记账 审核 出纳 制单 宋宁

图5-3-12 结转支出

④审核记账。更换操作员“1”，审核新增的两张凭证后退出，再更换操作员“2”，将新增的两张凭证记账（步骤参照前述）。审核记账如图5-3-13所示。

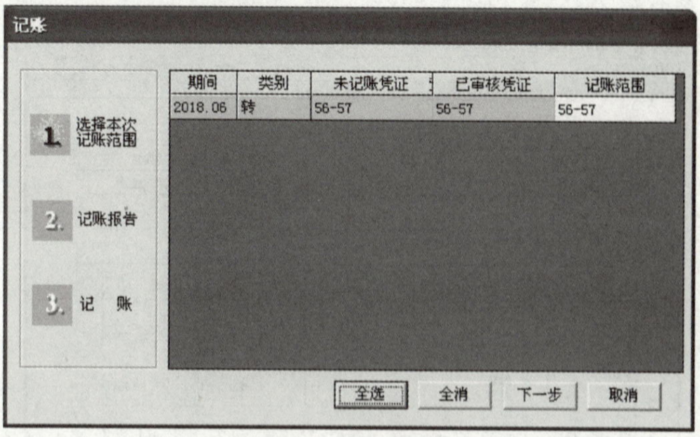

图 5-3-13 审核记账

（3）计提所得税。

①单击“总账”，选择“期末”“转账定义”，单击“自定义转账”；单击“增加”，录入转账序号“0001”，转账说明“计提所得税”，凭证类别“转账凭证”；录入科目编码“5701”、方向“借”、金额公式“QM（3131，年，贷）*0.25”。（利用“增行”菜单功能逐行录入，金额公式利用向导和手工同时录入）

同理录入“217108、贷、JG（5701）”“3131、借、QM（3131，年，贷）* 0.25”“5701、贷、JC（3131）”。单击“保存”，单击“退出”。

②转账生成记账凭证，选择“确定”，“保存”凭证。转账生成如图 5-3-14 所示。

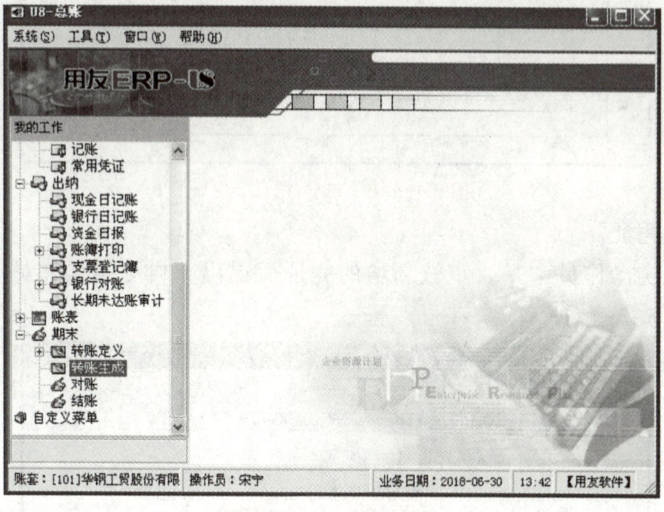

图 5-3-14 转账生成

③审核记账，更换操作员“1”，审核新增的凭证后退出，再更换操作员“2”，将新增的凭证记账。转账凭证如图 5-3-15 和图 5-3-16 所示。

（4）结转本年利润。

①单击“总账”，选择“期末”“转账定义”，单击“自定义转账”；单击“增加”，录入转账序号“0003”，转账说明“结转本年利润”，凭证类别“转账凭证”；录入科目编码“3131”（本年利润）、方向“借”、金额公式“QM（3131，年，贷）”。同理增行录入“314101（利润分配/未分配利润）、贷、JG（3131）”。

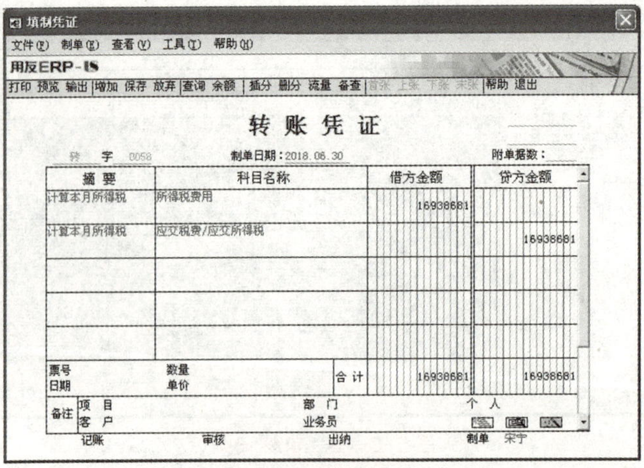

图 5-3-15　转账凭证（1）

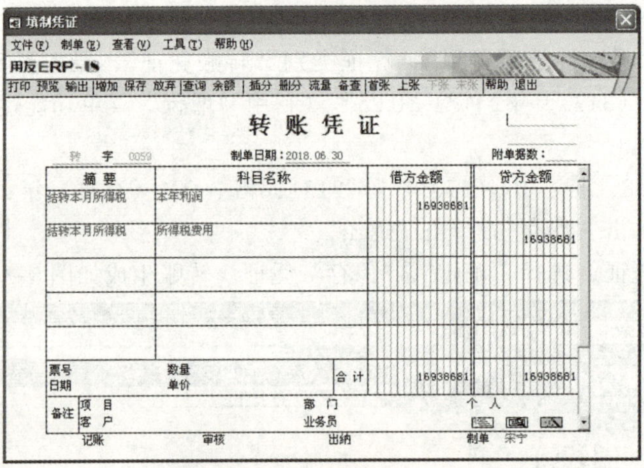

图 5-3-16　转账凭证（2）

②转账生成记账凭证。

③审核记账，更换操作员“1”，审核新增的凭证后退出，再更换操作员“2”，将新增的凭证记账。转账凭证如图 5-3-17 所示。

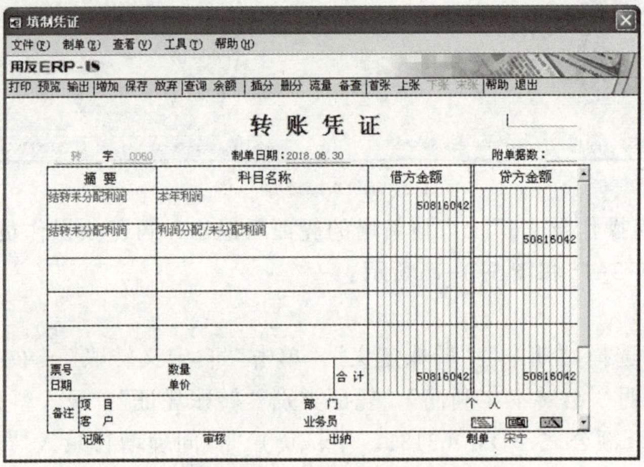

图 5-3-17　转账凭证（3）

5.对账、结转（以2号操作员“宋宁”身份登录）

（1）单击“总账”，选择“期末”，单击“对账”，单击“试算”，出现试算平衡表。

（2）在6月份一行，单击“选择”“对账”“退出”。对账界面如图5-3-18所示。

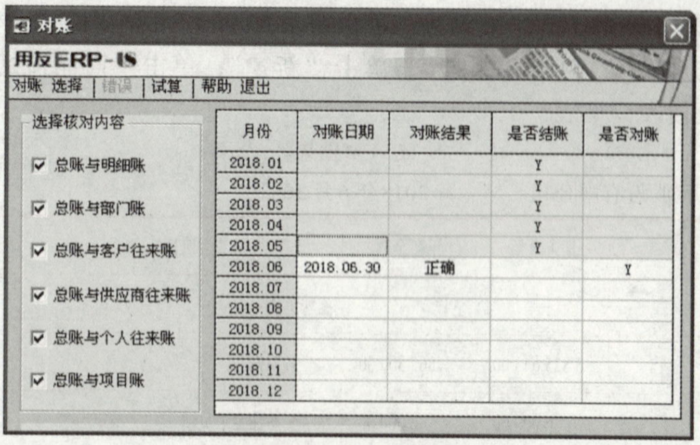

图5-3-18　对账

（3）单击“总账”，选择“期末”，单击“结账”；单击“下一步”；单击“对账”；单击“下一步”。

（4）单击“下一步”，出现“笑脸”后，单击“结转”即结账完毕。结账如图5-3-19和图5-3-20所示。

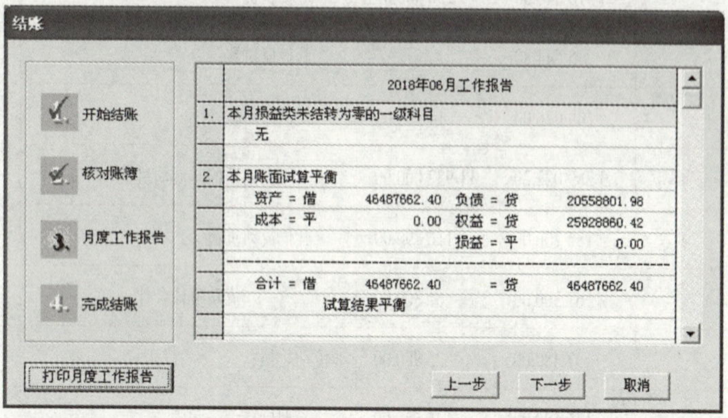

图5-3-19　结账（1）

图5-3-20　结账（2）

四、资产负债表和利润表

1.资产负债表（以1号操作员“王大为”身份登录）

（1）双击“财务报表”；单击“文件”，单击“新建”；单击“商品流通业”“资产负债表”“确定”，显示资产负债表，见表5-1。

表5-1　　资产负债表　　会企01表

编制单位：华钢工贸股份有限公司　　2018年6月30日　　单位：元

项目	期末金额	年初金额	项目	期末金额	年初金额
流动资产：	—	—	流动负债：	—	—
货币资金	5 825 643.00	865 300.00	短期借款	230 000.00	230 000.00
其他货币资金	6 000.00	6 000.00	交易性金融负债		
交易性金融资产	267 000.00	267 000.00	应付票据及应付账款	275 610.00	150 000.00
应收票据及应收账款	10 070 789.00	622 489.00	预收款项	106 320.00	38 892.00
预付款项	91 624.00	289 580.00	应付职工薪酬		
其他应收款	370 046.00	256 000.00	应交税费	2 699 411.98	641 334.00
应收外汇账款	5 644.80		其他应付款	2 075 460.00	59 460.00
坏账准备	109 026.00	14 305.00	代销商品款	890 000.00	890 000.00
存货	3 289 022.20	11 932 000.00	一年内到期的非流动负债		
存货跌价准备	185 206.00	116 790.00	其他流动负债		
委托代销商品	61 300.00	61 300.00	流动负债合计	6 244 801.98	2 009 686.00
周转材料	37 480.00	25 980.00	非流动负债：		
受托代销商品	145 680.00	145 680.00	长期借款	9 445 000.00	9 400 000.00
待运和发出商品	30 490.00	30 490.00	应付债券	4 824 000.00	3 800 000.00
一年内到期的非流动资产			长期应付款		
其他流动资产			专项应付款		
流动资产合计	19 895 197.40	14 370 724.00	预计负债	45 000.00	45 000.00
非流动资产：			递延所得税负债		
债权投资			其他非流动负债		
其他债权投资	356 000.00	356 000.00	其中：特准储备基金		
长期应收款			非流动负债合计	14 313 000.00	13 245 000.00

续表

项目	期末金额	年初金额	项目	期末金额	年初金额
长期股权投资	5 494 000.00	5 000 000.00	负债合计	20 558 801.98	15 254 686.00
投资性房地产			所有者权益（或股东权益）：		
固定资产原价	24 405 500.00	24 225 000.00	实收资本（股本）	10 000 000.00	10 000 000.00
减：累计折旧	11 009 611.00	10 875 000.00	国家资本		
固定资产净值	13 395 889.00	13 350 000.00	集体资本		
减：固定资产减值准备	530 580.00	345 000.00	法人资本		
固定资产净额	12 865 309.00	13 005 000.00	其中：国有		
在建工程	200 000.00	200 000.00	集体		
生产性生物资产			个人资本		
油气资产			外商资本		
无形资产	8 584 382.00	8 584 382.00	资本公积	460 000.00	460 000.00
开发支出			减：库存股		
商誉			专项储备		
长期待摊费用			盈余公积	890 700.00	890 700.00
递延所得税资产			其中：法定公积		
其他非流动资产			任意公积		
其中：特准储备物资			未分配利润	14 578 160.42	14 070 000.00
长期投资减值准备	803 400.00	803 400.00	外币报表折算差额		
累计摊销	71 800.00		所有者权益合计	25 928 860.42	25 420 700.00
无形资产减值准备	32 000.00	37 320.00			
待处理财产损溢	26.00				
非流动资产合计	26 592 465.00	26 304 662.00			
资产总计	46 487 662.40	40 675 386.00	负债和所有者权益总计	46 487 662.40	40 675 386.00

（2）在格式状态查看公式是否正确。录入“关键字”，单击左下角“格式”，变为“数据”；单击“数据”“录入”；录入“华钢工贸股份有限公司”，单击“确认”。

（3）提示“是否重算第一页”，选择“是”。

2.利润表（同理录入，见表5-2）

表5-2　　　　　　　　　　利润表　　　　　　　　　　会企02表

编制单位：华钢工贸股份有限公司　　　2018年6月　　　　　　　金额单位：元

项目	本期金额	本年累计
一、营业总收入	12 957 844.00	38 644 906.80
其中：营业收入	12 957 844.00	38 644 906.80
其中：主营业务收入	12 901 665.80	38 432 727.80
其他业务收入	56 179.00	212 179.00
二、营业总成本	12 280 173.57	23 908 601.57
其中：营业成本	10 938 995.00	20 528 795.00
其中：主营业务成本	10 938 995.00	20 498 995.00
其他业务成本		29 800.00
税金及附加	202 359.77	853 739.77
销售费用	548 153.00	3 186 053.00
管理费用	574 275.00	2 856 843.00
财务费用	52 993.80	87 773.80
资产减值损失	343 397.00	343 397.00
加：投资收益（损失以“-”号填列）	380 000.00	3 948 000.00
其中：对联营企业和合营企业的投资收益		
公允价值变动收益（损失以“-”号填列）		
三、营业利润（亏损以“-”号填列）	677 671.23	14 736 305.23
加：营业外收入		67 089.00
其中：非流动资产处置利得		
非货币性资产交换利得		
政府补助		
债务重组利得		
减：营业外支出	124.00	55 847.00

续表

项目	本期金额	本年累计
其中：非流动资产处置损失		
非货币性资产交换损失		
债务重组损失		
四、利润总额（亏损总额以“-”号填列）	677 547.23	14 747 547.23
减：所得税费用	169 386.81	14 239 386.81
五、净利润（净亏损以“-”号填列）	508 160.42	508 160.42
六、其他综合收益的税后余额		
七、综合收益总额		
八、每股收益：		
基本每股收益		
稀释每股收益		

备注：

①编制利润表时，损益类账户发生额应在增加方，如果在减少方时应在增加方用红字录入。

②在记账凭证中调整借贷方向时用空格键，变红字时用减号键。

③利润表本年累计数是手工完成，由6月份数据加上1—5月份数据组成。

主要参考文献

[1] 财政部会计司编写组. 企业会计准则讲解2010 [M]. 北京：人民出版社，2010.
[2] 中华人民共和国财政部. 小企业会计准则2011 [M]. 北京：经济科学出版社，2011.
[3] 财政部会计司编写组. 小企业会计准则释义2011 [M]. 北京：经济科学出版社，2011.
[4] 刘永泽，陈立军. 中级财务会计 [M]. 5版. 大连：东北财经大学出版社，2018.
[5] 企业会计准则编审委员会. 企业会计准则案例讲解 [M]. 上海：立信会计出版社，2009.
[6] 傅胜.行业会计比较 [M]. 6版. 大连：东北财经大学出版社，2017.
[7] 财政部税务总局关于调整增值税税率的通知（财税〔2018〕32号）。
[8] 国家税务总局关于发布出口退税率文库2018B版的通知（税总函〔2018〕142号）。
[9] 财政部关于修订印发《企业会计准则第14号——收入》的通知（财会〔2017〕22号）。